SEKRETY MIŁOŚCI

Co warto wiedzieć, żeby mieć niesamowity związek

JOHANNA KERN

Wydawca:

HUMANS OF PLANET EARTH ASSN.

Pomoc przy polskiej wersji językowej:

Anna Młodawska

Okładka i oprawa graficzna:

Johanna Kern

Wydanie drugie: 2024

Copyright © 2018 JOHANNA KERN

WSZYSTKIE PRAWA ZASTRZEŻONE

ISBN: 978-1-989913-63-5

DEDYKACJA

Mojemu mężowi Patrickowi,

rodzinie, przyjaciołom

oraz Tobie, Drogi Czytelniku.

"Kto kocha nie błądzi w ciemności."
– Platon –

Spis treści

POPARCIE

WIADOMOŚĆ OD JOHANNY KERN

1 POSZUKIWANIE OBIEKTU MIŁOŚCI 1
Szukać czy nie szukać
naszej Doskonałej Połówki -
oto JEST pytanie

2 CZYM JEST A CZYM NIE JEST MIŁOŚĆ 13

3 ZAKOCHIWANIE SIĘ 19
CZY JABŁKO MOŻE ZAKOCHAĆ SIĘ
W POMARAŃCZY?
„Jesteś taka inna" - powiedział.
„Inna od kogo?"
„Inna od wszystkich, których dotychczas
spotkałem"

4 CO ROBIĆ, JAK JUŻ SIĘ ZAKOCHAMY: 31
ZAANGAŻOWAĆ SIĘ,
ZACHOWAĆ LEKKI DYSTANS,
CZY ZMYKAĆ GDZIE PIEPRZ ROŚNIE?
Prawdziwa Miłość nigdy nie jest ślepa.
Dostrzega wszystko - jakby miała rentgen w oczach

5 CZY DA SIĘ PRZEWIDZIEĆ, JAKI BĘDZIE 45
NASZ ZWIĄZEK: UDANY CZY NIE?
Jabłka mogą się dopasować z pomarańczami.
Ale jabłka i pomarańcze nie przetrwają w obecności

słonia. Słoń je po prostu skonsumuje.
Jakiego „słonia" hodujemy we własnym domu?

6 ŻEBY BYŁO ROMANTYCZNIE TO   61
   JAK NAJLEPIEJ:
   SPONTANICZNIE, Z POMYSŁEM
   CZY TROSKLIWIE I ROZWAŻNIE?
   Jaki styl romantyzmu w związku
   może być trafiony w dziesiątkę i dlaczego

7 ZAANGAŻOWANIE SIĘ   79
   NA POWAŻNIE, ALE BEZ NACISKU:
   CZY ZOBOWIĄZANIE MA SIĘ SKOŃCZYĆ
   ROZEJMEM CZY ZŁAMANIEM „TRAKTATU"?
   Kiedy łatwo powiedzieć „tak", a kiedy to słowo
   waży tonę

8 CO PSUJE ZWIĄZEK: 91
   7 DUCHÓW PRZESZŁOŚCI
   I JAK SOBIE Z NIMI RADZIĆ
   Nieproszeni goście, którzy sieją zamęt
   Jeśli się z nimi nie rozprawimy, skończymy tam,
   gdzie chcą żebyśmy się znaleźli
   LĘK PRZED ZMIANAMI   97
   LĘK PRZED BYCIEM ZRANIONYM
   EMOCJONALNIE   100
   LĘK PRZED BYCIEM ODRZUCONYM   107
   LĘK PRZED UTRATĄ
   WŁASNEJ WOLNOŚCI   114
   LĘK PRZED BYCIEM NIEUDACZNYM   118
   LĘK PRZED BYCIEM OSAMOTNIONYM   124
   LĘK PRZED PORAŻKĄ   132

9 DOBRY KONTAKT   139
   I POROZUMIENIE W ZWIĄZKU
   NADAJNIKI I ODBIORNIKI:
   „Ty mówisz to, a ja tamto"
   a „Oboje mówimy to samo"

10 SEKS I INTYMNOŚĆ   151
   UCZTA EMOCJI I ZMYSŁÓW
   PRZYGOTOWANIE, GOTOWANIE
   I KONSUMPCJA

Nasyć się, ale pozostań głodnym

11 CO MOGĄ DLA CIEBIE ZROBIĆ   167
AFRODYZJAKI I SUPERFOOD
Spraw, by Twoje pożądanie trwało i rosło
Pyszne przekąski i posiłki dla Miłości
Szybkie i łatwe do przyrządzenia

12 PODTRZYMYWANIE PRZYCIĄGANIA   191
W ZWIĄZKU
Kochające Serce jest piękniejsze
niż najbardziej atrakcyjna twarz
Uroda ściera się jak tania farba
bez solidnego gruntu pod spodem

13 JAK NAJLEPIEJ SKORZYSTAĆ   201
Z SEKRETÓW MIŁOŚCI
Oczekiwania a rzeczywistość

14 NA DESER: radosna zabawa i szczęście   207
„Niebiańska Miłość" to przydomek
dla radości i szczęścia w związku

O AUTORCE   237

PUBLIKACJE JOHANNY KERN   245

JAK SKONTAKTOWAĆ SIĘ Z AUTORKĄ   253

POPARCIE

„Ta zachwycająca książka zagłębia się w tak wiele wymiarów, że tak naprawdę jest to książka poruszająca WSZYSTKO o wszystkim, co dotyczy miłości. Wchodzi w tę tematykę daleko głębiej niż inne książki poruszające ten temat i robi to w zachwycającym, przyjaznym dla czytelnika stylu. Autorka Johanna Kern podpowiada nam czy i jak powinniśmy poszukiwać miłości, co robić, gdy ją znajdziemy, jak ją pielęgnować i co zrobić, jeśli się wypali – lub przetrwa na długie lata! Jeśli ktoś jeszcze nie odnalazł miłości, kiedy sięgnie po tę książkę, odnajdzie w niej praktyczny plan na to, jak postępować i czego się spodziewać w swojej podróży!"

– Prof. dr. hab. Stanley Krippner –

współautor bestsellerowej książki „Mitologia Osobista" (Personal Mythology); były prezes Stowarzyszenia Psychologii Humanistycznej; założyciel Międzynarodowego Towarzystwa Badań nad Dysocjacją; pionier w badaniu świadomości, przez 50 lat prowadził badania w dziedzinie snów, hipnozy, szamanizmu i dysocjacji; laureat nagród za Wybitny Wkład w Międzynarodowy Rozwój Psychologii i Profesjonalnej Hipnozy –

WIADOMOŚĆ OD JOHANNY KERN

No tak, nie jest to już tajemnicą: jestem starsza. Jestem dużo starsza od mojego męża i rzeczywiście mamy najbardziej niesamowity związek, jaki można sobie wyobrazić. I NIE jest to wcale jakiś szczęśliwy traf.

Nie istnieje coś takiego jak szczęśliwe zbiegi okoliczności, jeżeli chodzi o Miłość. Nie wybieramy, kogo kochamy, tylko po prostu kochamy.

Prawdziwe pytanie brzmi: o co chodzi z tą Miłością i jak przekłada się ona na szczęście w życiu? Bo się przekłada. Tak, są tacy ludzie, którzy powiedzieliby Ci, że Miłość oznacza cierpienie, koniec wolności, same kompromisy i złamane serce. Ale czy to prawda? Zastanów się tylko: czy to Miłość przysparza nam cierpienia, czy to raczej brak Miłości sprawia, że jesteśmy nieszczęśliwi?

Miłość i szczęście idą w parze. Właśnie tak. Nigdy nie cierpimy z powodu Miłości. Cierpimy wyłącznie wtedy, gdy nie spełniają się nasze oczekiwania - jakie by one nie były.

Oczekiwania. To naprawdę wielki i bardzo ważny temat, prawda? O tym także będziemy mówić w tej książce.

Będziemy mówić o Miłości i jej sekretach, a także o związkach. Będziemy również mówić o naszej relacji z Miłością oraz o naszej relacji z samym sobą.

Miłość i troska. Romans i seks. Zrozumienie i wsparcie. Kompromisy i wolność. Rozwój i ewolucja. Poruszymy wszystkie te tematy, a także dużo innych. Ponieważ Miłość to proces w toku, nic nie jest skończone, jeśli chodzi o Miłość i kochanie.

Jedyną rzeczą, jaka nigdy się nie zmienia, jest to, że Miłość JEST mocą. Brak Miłości JEST brakiem mocy. Chcesz się założyć? Ja tak kiedyś zrobiłam. I nie chodziło mi wcale o wygranie zakładu. Kiedy wygrałam, wygrałam Miłość.

A to dlatego, że w sprawach Miłości wygrywa każdy, jeśli nauczy się jej sekretów.

Życzę Ci jak najwięcej Miłości. I życzę Ci w niej prawdziwego szczęścia.

Sekret 1

Poszukiwanie Obiektu Miłości

Szukać czy nie szukać naszej Doskonałej Połówki - oto JEST pytanie.

Ten jedyny, ta jedyna. Nasza Doskonała Połówka, po prostu Bratnia Dusza. Osoba, z którą chcemy przeżyć życie, zestarzeć się i nigdy się nie rozstać. Ktoś, kto wnosi szczęście w nasze życie i sprawia, że wszystko jest dobrze. Ktoś, kogo warto poszukiwać pośród miliardów ludzi żyjących na naszej planecie. Nasza Miłość, ukochana, ukochany, nasze słoneczko, kochanie, skarb, nasza lepsza połowa, nasza królowa, nasz anioł, książę z bajki, tygrysek, dziubeczek, misiaczek, Miłość naszego życia.

Lista miłosnych określeń, jakich możemy używać, zwracając się do ukochanej osoby lub ją opisując, może być bardzo długa. Poszukiwanie naszej Doskonałej Połówki również może trwać w niektórych przypadkach bardzo długo. Są tacy, którzy wierzą, że pośród miliardów ludzi na naszej planecie, znajduje się tylko jedna jedyna przeznaczona im osoba i że mogą ją pewnego dnia odnaleźć. Nie chcą się więc wiązać na stałe z nikim innym.

Istnieją różne teorie na temat tego, w jaki sposób szukać i jak można rozpoznać swoją Doskonałą Połówkę, czy też Bratnią Duszę. Dużo mówi się także o tym, jakie to uczucie, kiedy spotka się wreszcie kogoś takiego: że magnetyzm, jaki się wtedy odczuwa, jest tak silny, aż trudno to wyjaśnić. Że jest to tak, jakby było się w jakiś magiczny sposób ze sobą powiązanym, zanim jeszcze doszło do spotkania. Że ma się z tą osobą świetne porozumienie, oddziałując przy tym na siebie nawzajem w cudowny sposób, wspierając się i akceptując. Od razu jest się też nierozłącznym i zaangażowanym. I po prostu nie można już sobie wyobrazić życia bez tej osoby.

Prawda, że to wspaniała, chwytająca za serce i zapierająca dech w piersiach historia? Któż z nas nie pragnąłby czegoś takiego dla siebie? Na pewno wszyscy chcielibyśmy to przeżyć, nawet ci, którzy się do tego nie przyznają. Marzymy nieraz, żeby taka perfekcyjna bajka spełniła się w naszym życiu i chcielibyśmy spotkać osobę, która sprawi, że tak się poczujemy.

Ale wiesz co? Być może nie zdajesz sobie z tego sprawy, że już mogłeś/-aś spotkać swoją Bratnią Duszę. Tylko, że nie było przy tym żadnych „fanfar" czy też „fajerwerków", lub innych magicznych oznak z tym związanych.

Bo przecież zastanów się tylko: silny pociąg od pierwszego wejrzenia, jakiś dziwny magnetyzm, tęsknota za obecnością tej osoby, doskonałe samopoczucie, gdy jest się razem i chęć spędzania ze sobą więcej czasu. Coś takiego przytrafia się nam wszystkim, kiedy tylko się w kimś zakochamy po raz pierwszy w życiu. Lub po raz drugi. Albo po raz trzeci. I tak dalej.

Jednak wszystko to nie oznacza, że doświadczamy prawdziwej Miłości. Takie odczucia zwykle towarzyszą nam, gdy się po prostu zadurzymy, silnie zauroczeni kimś, kogo uznamy za ekscytującą i interesującą osobę. Możemy odczuwać podobny rodzaj fascynacji nie raz, ale kilka razy w życiu, albo nawet wiele razy.

Kiedy czujemy do kogoś silny pociąg, zrobimy wszystko, co w naszej mocy, żeby ta osoba czuła się z nami dobrze, gdyż chcemy za wszelką cenę podtrzymywać jej uwagę. Chyba że mamy jakieś nierozwiązane problemy emocjonalne i wtedy traktujemy osobę, której pożądamy, w sposób nieprzewidywalny i krzywdzący. Nie będziemy jednak roztrząsać tej kwestii w tym rozdziale i wrócimy do takich przypadków później.

Owszem, zdarza się tak, że z naszego oczarowania może rozwinąć się piękna Miłość. Oczywistym jest też, że oczarowanie mija z upływem czasu. Podobnie jak krótkotrwałe zaangażowanie zakorzenione w pożądaniu seksualnym, oczarowanie kimś, kogo z jakiegokolwiek powodu uznajemy za wyjątkowego - nie jest prawdziwą Miłością.

W takim razie czy mamy gdzieś swoją Doskonałą Połówkę, naszą Bratnią Duszę wartą poszukiwań, czy też jej nie mamy?

Kiedy mój mąż Patrick i ja spotkaliśmy się po raz pierwszy dawno temu, nie mieliśmy pojęcia, że pewnego dnia będziemy tworzyć piękne małżeństwo, wypełnione po brzegi Miłością i szczęściem. Nie czuliśmy pociągu do siebie i w naszych najśmielszych marzeniach nie moglibyśmy wyobrazić sobie bycia razem. A jednak wiele lat później wszystko się zmieniło. Co takiego się stało? Co spowodowało, że będąc wcześniej tylko przyjaciółmi, nagle zapragnęliśmy być razem i stworzyliśmy związek tak silny, jakiego żadne okoliczności nie są w stanie zaburzyć ani naruszyć? Z całą pewnością nie było to związane z tym, że z perspektywy czasu różnica wieku pomiędzy nami przestała mieć znaczenie, bo przecież ona się nie zmieniła. Jestem dużo starsza i nie jest to szeroko akceptowalne w dzisiejszym społeczeństwie, żeby starsza kobieta znalazła prawdziwą Miłość z młodszym mężczyzną. Przeciwna sytuacja, to jest związek pomiędzy dużo starszym mężczyzną a dużo młodszą kobietą, została już zaakceptowana przez standardy społeczne przez wieki i nikt nie ma z tym tak naprawdę dużego problemu, chociaż niektórzy ludzie nadal trochę się na to krzywią. Jednak starsze kobiety nie są standardowo postrzegane jako obiekty pożądania czy mające duże szanse na znalezienie prawdziwej Miłości. Czyżbyśmy wracali tutaj do wyświechtanego już poglądu, że celem Miłości jest reprodukcja? Miłość jest, dlatego że jest. Może wiązać się z posiadaniem potomstwa lub nie, a wiek kobiety nie ma z tym zupełnie nic wspólnego. Liczne młode pary decydują się w ogóle nie mieć dzieci.

Nadal panuje ogólny brak prawdziwej wiedzy na temat tego, czym jest Miłość. Tak samo, jak nie do końca pojmuje się istotę ludzkiej natury. W swoich opiniach większość ludzi ma tendencję do bazowania na podświadomym zaprogramowaniu, które wdrukowuje się nam w naszych latach formatywnych lub wczesnej młodości.

W zależności od tego, skąd pochodzimy i jaka była nasza sytuacja w dzieciństwie i młodości - powtarzamy wzorce naszych opiekunów, społeczeństwa lub systemu wierzeń, z którymi wyrośliśmy. Generalnie mamy tendencję do działania na automatycznym pilocie i niemyślenia zbyt wiele o czymś, chyba że zaistnieje taka potrzeba. Albo wtedy, gdy zaczniemy się rozwijać, wychodzić ze swojej skorupy czy też po prostu się zakochamy. Ponieważ kiedy się zakochujemy, nic innego się nie liczy. Widzimy wtedy ukochaną osobę taką, jaką naprawdę jest: czyli dostrzegamy w niej pięknego człowieka, którego podziwiamy i dla którego chcemy być najlepsi.

Miłość otwiera nam oczy na to, jaka naprawdę jest nasza ludzka natura: widzimy, że nasza prawdziwa istota wewnętrzna wolna jest od wszelkich programów i tzw. podświadomych cieni (naszej ciemnej strony, z której możemy nie zdawać sobie sprawy). Nasze czyste Serce zna tylko piękno i harmonię. Nasze czyste Serce wypełnione jest radością i miłością do życia.

Właśnie tacy jesteśmy głęboko w środku. I kiedy ujrzymy siebie poprzez oczy Miłości, nie zobaczymy niczego oprócz perfekcji. Kiedy naprawdę kogoś pokochamy, nie ma to znaczenia, czy ta osoba jest młoda czy stara, szczupła czy krąglejsza. Nieważne gdzie się urodziła i jaki ma kolor skóry, czy jest tzw. „prawdziwym facetem", „prawdziwą kobietą", albo na przykład w przypadku osób o innej orientacji seksualnej, czy ta osoba to „ktoś w naszym stylu" czy nie. Prawdziwa Miłość dostrzega w człowieku tylko to, co naprawdę ważne: jego prawdziwe piękno.

Być może zgodzimy się więc, że znalezienie naszej Doskonałej Połówki, to po prostu znalezienie kogoś, kogo prawdziwie pokochamy.

A skoro tak jest, to czy nadal będziemy uważać, że pośród miliardów ludzi na naszej planecie znajduje się tylko jedna osoba, którą moglibyśmy prawdziwie pokochać?

Jeżeli Twoja odpowiedź brzmi „nie" - może przestaniesz zawracać sobie głowę poszukiwaniem tej jedynej Doskonałej Połówki. Postaraj się po prostu otworzyć swoje serce i zobacz, co się wtedy stanie. Kochaj swoje życie i ciesz się swoją własną piękną naturą. I kiedy najmniej będziesz się tego spodziewać, ktoś spojrzy Ci głęboko w oczy, sprawiając, że nagle poczujesz, że to właśnie to. Poczujesz, że to, co dzieje się między Wami - jest dokładnie takie, jakie ma być. A ta osoba, która stoi przed Tobą, JEST Twoją prawdziwą Miłością.

Jeśli jednak nadal wierzysz, że musisz koniecznie znaleźć kogoś, kto spełni wszystkie Twoje oczekiwania, które wyliczyłeś/-aś sobie w głowie lub na kartce papieru - Twoje poszukiwania Doskonałej Połówki mogą nigdy się nie skończyć. Tak naprawdę nie szukasz prawdziwej Miłości. Poszukujesz raczej Miłości zaprojektowanej na własne potrzeby. Może też być tak, że nie jesteś jeszcze gotowy/-a na prawdziwy związek i tylko „wstępnie sprawdzasz co i jak", albo z jakichś powodów szukasz wymówek, by nie zaangażować się z kimś na poważnie. W takim przypadku, nie zadowolisz się nikim, chyba że poznasz powody, jakie stoją za

Twoimi poszukiwaniami ideału. Może też być tak, że znajdziesz faktycznie kogoś, kto spełnia Twoje kryteria. Być może stworzysz z taką osobą szczęśliwy związek. Być może nie.

Miłość obejmuje, a nie wyklucza.

Dopuszcza każdego i nikogo nie spycha na margines.

Miłość zawsze jest dla nas dostępna, w każdym czasie. To, z kim będziemy dzielić prawdziwą Miłość zależy od głębokiego, dużo bardziej fundamentalnego powodu niż to, kto według nas mógłby być naszym najlepszym partnerem.

Czy jesteś gotowy/-a dowiedzieć się, czym tak naprawdę jest Miłość?

Zakładam, że skoro sięgnąłeś/-aś po tę książkę, pewnie kieruje Tobą ciekawość i chcesz wiedzieć, czego może nauczyć Cię Miłość.

Istotnie, Miłość może nas bardzo dużo nauczyć zarówno o nas samych, jak i o świecie, w którym żyjemy.

Jednym z sekretów Miłości jest to, że zna ona nas o wiele lepiej, niż my sami siebie znamy. Znacznie lepiej, niż możemy to sobie wyobrazić. Może nam pokazać takie nasze strony, o których nie mamy zielonego pojęcia, że istnieją.

Prawdziwa Miłość wyzwala z nas to, co najpiękniejsze. Pokazuje nam także to, co skryliśmy głęboko w sobie i wyjaśnia nam dlaczego tak zrobiliśmy. Podpowiada nam, jakie były powody, że zepchnęliśmy do środka coś, co nas zraniło, i czemu chowamy tam wszystko to, czego nie lubimy na swój własny temat i czym nie chcemy się zajmować. A także pomaga nam uzdrowić to, co potrzebuje uzdrowienia. Potrafi porządnie zatrząść nami, a nawet nas złamać, by potem poskładać nas na nowo w sposób, który nam wszystko wynagrodzi.

Prawdziwa Miłość może przyjść nieoczekiwanie i ukazać się nam w kształcie i formie, jakich się w ogóle nie spodziewamy.

Nasza Doskonała Połówka może być zupełnie inną osobą od tej, jaką sobie wyobrażamy.

Nie zapominajmy także o tym, że prawdziwa Miłość pomaga nam się rozwijać. I to bardzo. Nieważne, jakie doświadczenia mamy już za sobą, jaka jest nasza wiedza, edukacja, osiągnięcia biznesowe czy akademickie. Miłość zawsze nauczy nas nowych rzeczy. Takich, których nie można poznać poza obszarem „świata prawdziwej Miłości".

Miłość, jaką dzielimy z moim mężem Patrickiem, otwiera mi oczy na coś nowego każdego dnia. Dokładnie tak: KAŻDEGO DNIA. On naprawdę jest moją Bratnią Duszą, ale nie według definicji, że był jedynym odpowiednim dla mnie człowiekiem na całym świecie. Jest tak dlatego, ponieważ oboje zdecydowaliśmy, że to, co mamy, jest prawdziwą Miłością, a nie opatrunkiem dla naszych potrzeb i pragnień.

W jaki sposób tak zdecydowaliśmy?

Oboje wiedzieliśmy w głębi naszych serc, że Miłość ciągle nas otacza, że jest tutaj zawsze. Otworzyliśmy więc swoje serca na energię Miłości, jak gdyby pod wpływem zharmonizowanej milczącej umowy - i wtedy się to stało: wypełniła na prawdziwa

Miłość.

Nasza Doskonała Połówka jest po prostu osobą, która na głębszym poziomie, można by rzec „na poziomie duszy" dzieli z nami energię prawdziwej Miłości. Znalezienie prawdziwej Miłości nie dzieje się w sposób intelektualny ani na poziomie emocjonalnym. Nasza gotowość na Miłość zaczyna się od tego, że postanawiamy być gotowi na Miłość.

Jeśli ktoś chce związku tylko po to, by poczuć się dobrze na swój temat albo odczuwać romantyczną ekscytację, magię bycia z kimś, te wymarzone „fajerwerki" lub „fanfary", jeśli ktoś szuka ucieczki od samotności, pustki, braku szczęścia itp. - nie jest gotowy na prawdziwą Miłość. Nie ma nic złego w tym, żeby pragnąć czegoś lepszego, bo przecież nic w tym dziwnego, że chcemy mieć fajniejsze, bardziej udane życie. Jednak oczekiwanie, że znalezienie kogoś, kogo można będzie pokochać, zapewni nam prawdziwe szczęście - to nie tylko nieporozumienie, ale wręcz naiwność. Nasze szczęście zależy od nas samych. Nie potrzebujemy nikogo, aby odczuwać szczęście. Można być szczęśliwym niezależnie od okoliczności. Prawdziwe szczęście to stan umysłu, a nie uczucie. Radość i ekscytacja, jakich czasem doświadczamy, to emocje, a nie szczęście. Nikt nie poda nam szczęścia na tacy. Ponieważ szczęścia nie da się komuś po prostu ofiarować.

Kiedy mówimy, że ktoś nas uszczęśliwia, mamy na myśli to, że cieszy nas to, co ta osoba robi i lubimy spędzać z nią czas.

Szczęście nie jest czymś, co można dać, a Miłość nie jest czymś, co przychodzi lub odchodzi.

Szczęście jest, ponieważ jest - bez żadnego powodu.

Miłość jest, ponieważ jest - po prostu bez powodu.

Szczęście i Miłość są jak powietrze zawsze dla nas dostępne. Aby pozwolić powietrzu wypełnić nam płuca, musimy je wdychać, czyli trzeba otworzyć swoje nozdrza lub usta. Aby szczęście i Miłość wypełniły nam życie - musimy otworzyć swoje serce i umysł.

Twoja Doskonała Połówka nie dostarczy Ci na tacy Miłości i szczęścia.

Twoja Doskonała Połówka będzie dzielić z Tobą Miłość i szczęście.

Kiedy to nastąpi?

Kiedy przestaniesz szukać tego, czym Miłość nie jest, i otworzysz się na to, czym Miłość może być w Twoim życiu - ktoś, kto będzie gotów na to samo co Ty, pojawi się na Twojej drodze.

Możesz wtedy zdecydować, że ta osoba jest Twoją Doskonałą Połówką. Twoją prawdziwą Miłością. Bratnią Duszą. Jedną jedyną. Kimś, z kim pragniesz poznać, co to Miłość.

Może też tak być, że jesteś już w związku, który nie jest udany - lecz oboje postanowicie zostać razem, by dać sobie jeszcze jedną szansę i zobaczyć, co z tego wyniknie. Jeżeli zdecydujecie się znaleźć i przetestować nowe sposoby relacji między Wami - może to doprowadzić do czegoś, co przekształci się w prawdziwą Miłość. Być może zaskoczy Cię wtedy to, że ta osoba, która Cię wcześniej denerwowała, stała się kimś, z kim najbardziej lubisz przebywać.

Nasza Doskonała Połówka może pojawić się w naszym życiu, kiedy najmniej spodziewamy się tego, że znajdziemy prawdziwą Miłość. Może też stanąć na naszej drodze w najbardziej zaskakującej postaci akurat wtedy, gdy w ogóle nie dopuszczamy takiej możliwości, ponieważ już jesteśmy wypełnieni Miłością od środka i nie czujemy potrzeby, żeby z kimś być.

Nasza Doskonała Połówka nie ma za zadanie obdarowywać nas Miłością.

Znajduje się tu po to, żeby być razem z nami w energii Miłości.

Sekret 2

Czym Jest a Czym Nie Jest Miłość

Istnieje wiele poglądów i teorii na temat tego, czym jest Miłość, jako że ta intrygująca i ekscytująca kwestia wzbudza w ludziach wiele przemyśleń.

Czy Miłość to uczucie, emocja czy też stan umysłu? Czy jest to najlepsza rzecz pod słońcem, jaka może się nam przydarzyć, czy też dramat, który może zniszczyć całe nasze życie?

A może Miłość to „przypadłość", „sytuacja", „zaburzenie umysłowe lub emocjonalne", które się nam przytrafia?

Takie oraz podobne pytania często stawiane są przez licznych pisarzy, poetów, artystów, psychologów, filozofów, a także tych, którzy kiedykolwiek byli lub pragnęli być zakochani.

Wszyscy jesteśmy zdolni do Miłości. Bez względu na to, czy jesteśmy tego świadomi czy nie, każdy z nas w taki lub inny sposób już odczuwał Miłość. Z natury wypełnieni jesteśmy Miłością.

Kiedy mówimy o Miłości, zwykle pierwszą rzeczą, jaka przychodzi nam na myśl, jest Miłość romantyczna - która sprawia, że pod wpływem namiętności zaczyna szybciej bić nam serce, że stajemy się oddani tej „jednej jedynej" osobie na całym świecie.

Jednak Miłość - jak wielu z nas już się przekonało - ma różne oblicza.

Istnieje Miłość matczyna/ojcowska - czyli ta biologiczna więź, którą większość z nas odkryła już w łonie matki.

Istnieje Miłość do rodziny, znana nam poprzez więzi, jakie łączą nas z naszym rodzeństwem, dziadkami i innymi krewnymi.

Niektórzy z nas odczuwają Miłość do zwierząt, przyrody, własnej miejscowości, kraju lub całej naszej planety. Niektórzy ludzie mówią, że kochają całą ludzkość.

Są tacy, którzy opisują słowem „kocham" to uczucie, jakiego doznają mówiąc o swoim życiu, karierze, domu, samochodzie, komputerze, telefonie lub innych rzeczach, które posiadają lub chcieliby nabyć.

Bez względu na to, w odniesieniu do kogo lub czego miało to miejsce - wszyscy odkryliśmy jakieś sposoby na „zakochanie się" lub „pokochanie" kogoś lub czegoś, kogo lub co uznaliśmy za godne pożądania i „warte" zainwestowania przez nas czasu, energii i serca.

Wszyscy poznajemy Miłość, jeśli nie poprzez nasze własne doświadczenia, to choćby poprzez obserwację lub mądrość życiową, która uczy nas o istnieniu tej ogromnej siły.

Patrick i ja nie postrzegamy Miłości jako emocji. Owszem, istnieją różne emocje związane z odczuwaniem Miłości w związku romantycznym, takie jak pożądanie, czułość, tęsknota i zwykła radość z bycia razem. Jednak są to emocje, a nie Miłość.

Natomiast biolodzy na pewno spieraliby się z nami, ponieważ mają oni tendencję do postrzegania Miłości jako jednego z podstawowych ludzkich instynktów, podobnego do głodu czy pragnienia.

Konwencjonalny sposób postrzegania Miłości w biologii wyjaśnia, że popędy seksualne, preferencje co do partnera i przywiązanie są regulowane w dużej mierze substancjami neurochemicznymi: testosteronem, estrogenem, dopaminą, oksytocyną i wazopresyną. Ponadto konkluduje, że popęd seksualny u osób, które mają wielu partnerów seksualnych, ewoluował w wyniku biologicznej potrzeby łączenia się w pary z różnymi partnerami w celu zapewnienia potomstwa, podczas gdy Miłość romantyczna jest oznaką koncentracji na wyłącznie jednym partnerze. A dalej -

postuluje, że

przywiązanie do jednego partnera jest wynikiem biologicznej potrzeby łączenia się w pary w celu wychowania potomstwa.

Być może ten punkt widzenia jest bliski niektórym z czytelników i w pełni to szanuję. Jednak chciałabym przypomnieć, że w poprzednim rozdziale była już mowa o tym, że przecież niektóre pary nie mają i nie pragną posiadać dzieci. W ich związkach nie chodzi o reprodukcję. Chcą być razem dla bycia razem, to wszystko. Liczba takich par nieustannie wzrasta: przeciwnej płci, tej samej płci - można tak wymieniać dalej. Czy mielibyśmy im powiedzieć, że nie odczuwają Miłości, bo nie zwiększają populacji planety? Oczywiście, że nie! Oczywiście, że kochają siebie nawzajem i nie ma co do tego żadnych wątpliwości.

Tak, substancje neurochemiczne i emocje z nimi związane są obecne, kiedy obejmujemy naszych partnerów, dotykamy ich dłoni, całujemy ukochane usta i zamykamy oczy ze szczęścia - ale nie jest to Miłość. Są to chemiczne reakcje, które zachodzą w naszym ciele. Tym właśnie są. Nazywanie ich Miłością jest bardzo dużym niedopowiedzeniem i - tak szczerze - naukową pomyłką. Istnieją ludzie, którzy pragną w podobny sposób hamburgerów (nie mówię, że chcą z nimi uprawiać seks. Mówię, że PRAGNĄ ich bardziej, niż czegokolwiek innego: właśnie tu i teraz). I kiedy dostaną swojego wytęsknionego hamburgera, zamykają oczy z błogością, kiedy ich usta dotykają go po raz pierwszy.

Tak. Reakcje chemiczne i związane z nimi emocje uruchamiają się, kiedy doświadczamy czegoś lub kogoś naszymi zmysłami - w bliskości lub z daleka. Nie ma co do tego żadnych wątpliwości. Ale czy to jest Miłość?

Możesz pokiwać teraz głową, wzruszyć ramionami i dodać „nauka zajmuje się intelektem, a Miłość to sprawa serca. Nie przywołujemy Miłości do istnienia myślami. Odczuwamy Miłość i w ten sposób ona powstaje".

Co ciekawe możesz mieć tutaj rację. I, co też ciekawe, możesz mieć zarówno rację, jak i się mylić.

Zanim dojdziemy do jakichkolwiek wniosków, zastanówmy się jeszcze głębiej nad tematem Miłości. Zwróć uwagę, że w tej książce jest wiele rozdziałów do przeczytania, rozważań, a także zabawy - zanim ustalimy, co chcemy lub potrzebujmy czuć lub myśleć na temat Miłości.

Niektórzy z nas boją się Miłości. Z kolei inni oczekują, że znalezienie kogoś, kogo mogą pokochać, rozwiąże ich problemy. Są tacy, którzy traktują Miłość jako krok w kierunku osobistego rozwoju. A jeszcze inni nie wierzą w Miłość i zadowalają się samym seksem.

Nie zamykajmy naszych oczu i uszu na wszystko, co dla nas nowe, nietypowe lub może nawet szokujące, zaburzające nasze tradycyjne postrzeganie i stawiające naszym poglądom pewne wyzwanie.

Zobaczmy. Posłuchajmy.

Pozostańmy otwarci i kochający, kiedy rozmawiamy o Miłości.

Patrick i ja postrzegamy Miłość jako energię. Potężną energię, która przepływa swobodnie pomiędzy nami i przez nas. Dzielimy się tą energią, nie tylko między sobą, ale także przekazujemy ją dalej naszemu otoczeniu. Uwielbiamy, kiedy nasz dom jest przepełniony energią Miłości. Lub raczej - pozwalamy Miłości stać się naszym domem. I wiesz co? To naprawdę działa!

Nasze rozumienie Miłości wynika z poznawania starożytnej mądrości Nauk Nadziei, które wyjaśniają, że Miłość jest jedną z energii wpływających na świat ORAZ jednym z wewnętrznych procesów, przez które wszyscy przechodzimy, wcześniej czy później, w tym czy innym momencie.

Według starożytnych Mistrzów istnieje 7 aspektów energii Miłości:

Radość, Przychylność/Akceptacja, Pokora, Równość, Pojednanie, Poddanie i Równowaga.

Te aspekty Uniwersalnej Miłości codziennie przejawiają się w Romantycznej Miłości. I jeżeli chodzi o Romantyczną Miłość - jest to dla nas wszystkich niewyobrażalny dar!

Czy wiesz, że chciałam napisać zupełnie inną książkę o Miłości? Miała być ona szczegółową analizą Miłości i jej wpływu na nasze życie, poprzez pryzmat nauki, psychologii, filozofii, sztuki i literatury. Jednak tak wielu ludzi pytało mnie o sekrety mojego własnego szczęśliwego związku, że zmieniłam zdanie.

Odkrywajmy więc nadal Sekrety Miłości.

Kochajmy. Bądźmy kochani. I bądźmy Miłością.

Sekret 3

Zakochiwanie Się

CZY JABŁKO MOŻE ZAKOCHAĆ SIĘ W POMARAŃCZY?

- Jesteś taka inna - powiedział.
- Inna od kogo?
- Inna od wszystkich, których dotychczas spotkałem.

Powyższy dialog może brzmieć dla nas znajomo. Ile to już razy słyszeliśmy coś podobnego w filmach, albo przeczytaliśmy w książce, czy też sami rozmawialiśmy z kimś w taki sposób na temat osoby, w której byliśmy zakochani lub w której zakochał się ktoś z naszych przyjaciół.

„Ona jest zupełnie inna. Jest taka wyjątkowa." „On jest kompletnie inny. Nigdy jeszcze nie spotkałam takiego mężczyzny." Często używamy tych lub podobnych określeń, kiedy mówimy o kimś, kto nam się bardzo podoba.

Dialog z początku tego rozdziału jest dokładnym cytatem z autentycznej rozmowy, którą odbyliśmy z Patrickiem, kiedy spotka-liśmy się po raz pierwszy po wielu latach niewidzenia się. Było to krótkie spotkanie, a jednak niewątpliwie wystarczyło mu, żeby zobaczyć mnie w nowym świetle. Chociaż znał mnie od wielu lat, wówczas po raz pierwszy uzmysłowił sobie, kim naprawdę jestem w środku. Czy istotnie jestem inna od wszystkich, których kiedykolwiek poznał? Oczywiście, że tak!

Nie ma ani dwóch identycznych osób, ani dwóch takich samych żyć.

Nie tylko każdy człowiek jest niepowtarzalny. Ale także każde zwierzę, roślina, kamień, ziarenko piasku, kropla wody lub płatek śniegu.

Każde źdźbło trawy lub liść na drzewie nie tylko różni się od pozostałych liści na tym samym drzewie czy źdźbeł trawy na tym samym trawniku, ale także różni się od wszystkich innych źdźbeł trawy i liści na całym świecie.

A teraz wyobraźmy sobie tę niesamowitą obfitość natury, ten ogrom życia, jaki nas otacza oraz to wspaniałe bogactwo wewnątrz nas samych.

Kiedy Patrick i ja spotkaliśmy się tamtego dnia, on naprawdę dostrzegł, kim jestem. Po raz pierwszy popatrzył na mnie i zobaczył MNIE. Nie swoje własne wyobrażenie na temat tego, kim mogę być, ani nie moją powierzchowność. Zajrzał w głąb mnie i rozpoznał moją unikalność. I chociaż później nic widzieliśmy się przez rok - kiedy zobaczył mnie ponownie, wiedział już, jak na mnie patrzeć, by dojrzeć <u>mnie</u> zamiast takiej czy innej swojej koncepcji na temat mojej osoby.

I od tego wszystko się zaczęło.

Jest taki moment, w którym dostrzegamy czyjąś unikalność i jest ona dla nas nie do odparcia.

Od tego momentu postrzegamy tę osobę jako kogoś szczególnego, cennego, innego, intrygującego lub ekscytującego. I mamy rację!

W każdym człowieku jest tyle piękna, że jego wyjątkowość naprawdę zasługuje na podziw. A kiedy zaczynamy doceniać w kimś jego/jej piękną unikalność, może to doprowadzić do zauroczenia tą osobą, a następnie - jeżeli nasz zachwyt się utrzyma, być może znajdziemy z nim/nią prawdziwą Miłość.

Zakochanie się nie jest wyłącznie pociągiem seksualnym, jaki odczuwamy na widok kogoś, kogo pożądamy lub kiedy o tej osobie myślimy. Zakochanie się to stan zachwytu, jaki odczuwamy dostrzegając czyjąś wyjątkowość. Oczywiście możemy także przy tym odczuwać pociąg seksualny, gdyż w naszych ciałach cały czas zachodzą różne reakcje chemiczne. Jest to normalne, że myślenie czy patrzenie na jakąś konkretną osobę, którą jesteśmy zauroczeni, może podnieść nam tętno czy spowodować, że będziemy o tej osobie fantazjować. Jednak różnica pomiędzy zauroczeniem a pokochaniem kogoś jest bardzo wyraźna.

Zauroczenie jest zwykle opisywane jako pociąg fizyczny, chociaż może też się zdarzyć, że ktoś jest dla nas atrakcyjny z powodu jakichś swoich cech, które nie są czysto fizyczne. Może być dla nas atrakcyjny czyjś intelekt, czyjś stosunek do świata, osiągnięcia lub sposób zachowania. Natomiast pokochanie kogoś oznacza nie pociąg, ale prawdziwy podziw dla tej osoby za to, kim naprawdę jest na poziomie dużo głębszym niż tylko jej wygląd, umysł czy interesująca osobowość.

Czy zauroczenie może prowadzić do pokochania kogoś?

Być może. Lub być może nie.

Zauroczenie blednie z czasem, jeżeli nie ma czegoś, co by głęboko wiązało dwoje ludzi. Jeśli nie ma odpowiedniej esencji w ich relacji - takiej, która da im poczucie prawdziwego spełnienia, zaspokojenia potrzeby prawdziwego bycia sobą w ich związku. Nawet kiedy wezmą ślub lub mają dzieci. Kiedy dwoje ludzi nie docenia tak naprawdę siebie nawzajem, nie mają podstaw do zbudowania mocnego i szczęśliwego związku opartego na prawdziwej Miłości.

W takiej sytuacji dana para nagle uświadamia sobie, że faktycznie jedno z nich jest jak jabłko, a drugie jak pomarańcza. Tylko że wydźwięk tego staje się wtedy negatywny.

„Nie mamy już ze sobą wiele wspólnego. Tak bardzo się różnimy." „Nie mogę go już znieść." „Ona doprowadza mnie do szaleństwa." „On zupełnie mnie nie rozumie." „Bardzo się zmieniła." „Jest kompletnie inny niż kiedyś." „Przedtem była całkiem inna."

No tak, co za niespodzianka. Osoba, którą poślubili nie jest taka, jak myśleli. Dokładnie w taki sam sposób, jak fantazjowali o niej/o nim w kontekście seksualnym - stworzyli sobie w umyśle cały zestaw fantazji na temat osoby, której pragnęli. Nie starali się dostrzec prawdy o tej osobie, tylko wymarzyli sobie związek z „obrazem", jaki zbudowali w wyniku własnej imaginacji.

Co dalej? Kłótnie. Awantury. Złamane serca. Rozwód. Ból. Samotność. Być może znalezienie sobie kogoś na otarcie łez i rozpoczęcie całego cyklu od nowa. Albo powrót do (lub rozpoczęcie) poszukiwania Doskonałej Połówki, gdyż nikt inny przecież się „nie nadaje". Uparte twierdzenie, że musi być gdzieś na tym świecie ta perfekcyjna osoba, która da im pełnię szczęścia. A kiedy ją/jego znajdą - wtedy będą mogli być razem szczęśliwi do końca życia.

Prawda jest taka, że zawsze jesteśmy jak jabłka i pomarańcze.

Wszyscy się od siebie różnimy, ponieważ wszyscy jesteśmy unikalni.

Pytanie brzmi więc: czy wiemy, kim ten ktoś tak naprawdę jest? Czy tylko powaliła nas na kolana nasza koncepcja tego, jak wspaniale byłoby dla nas być z tą osobą i co to może nam dać: świetną zabawę, urok i piękno, poczucie się lepiej na własny temat albo może dobre lub wręcz komfortowe życie?

Jeżeli myślimy, że ktoś spełnia oczekiwania z naszej listy cech osoby, której szukamy, nie zapominajmy, że ten obraz może nie być prawdziwy. Tak, być może ta osoba jest taka, jak sobie wyobrażamy. Ale istnieje szansa, że różni się od tego „obrazu", jaki mamy w swojej głowie. Z pozoru może spełniać nasze oczekiwania. Ale tylko z pozoru. Jednak w głębi, na poziomie, do którego jeszcze nie dotarliśmy, może być „pomarańczą" zupełnie nie w naszym stylu. Wcześniej czy później, prawdziwa natura każdego z dwojga ludzi jednak się ujawni. Jest to nieodzowne w związku. I tym sposobem nasza „Zaprojektowana Miłość" może rozpaść się jak domek z kart.

W wielu romantycznych filmach czy książkach widzimy powtarzany w kółko ten sam scenariusz: na początku przedstawia się bohatera lub bohaterkę, którzy albo mają złamane serce, albo są nieszczęśliwi w związku, w którym ich partner nie jest tym, za którego go mieli. Potem, po bolesnym zerwaniu albo szukają kogokolwiek „na otarcie łez", albo spotykają „perfekcyjną" dla nich osobę. Po czym historia najczęściej kończy się w sposób sugerujący, że nasi bohaterzy będą żyli długo i szczęśliwie do końca życia ze swoją Doskonałą Połówką.

Taaak. Dokładnie tak, jak to dzieje się w życiu, prawda? Ależ oczywiście, że nie! W prawdziwym życiu - naturalnie poza pewnymi wyjątkami - on lub ona „po przeżyciach miłosnych" nigdy jednak nie znajduje prawdziwej Miłości albo zadowala się związkiem, który nie jest w pełni satysfakcjonujący. Być może przechodzi kilka związków, które łamią mu/jej serce. Może także zdecydować się, by nie żyć w żadnym związku i mieć tylko przygody seksualne bez żadnych zobowiązań - ponieważ uważa, że Miłość przynosi ból i nieszczęście.

Niedawno Patrick i ja mieliśmy małą pogawędkę z taksówkarzem. Ten starszy, rozwiedziony mężczyzna był ojcem, dziadkiem, a nawet już pradziadkiem. Bardzo był dumny ze swoich wnucząt i prawnucząt i powiedział nam, że uczy swojego prawnuczka, żeby się „nie angażował" i spotykał się z kobietami „tylko na seks".

Ponieważ - według tego starszego mężczyzny - małżeństwa prowadzą do rozczarowania, a kobiety nigdy nie są takie same, jak już klamka zapadnie. Opowiedział nam o tym, jak wspaniale wygląda jego 26-letni prawnuk i że codziennie ćwiczy i podnosi ciężary, więc jego mięśnie są perfekcyjne. „Sam tak właśnie robiłem. Uwielbiałem podnosić ciężary. No ale teraz jestem już za stary. Ładne mięśnie to prawdziwy magnes na laski" – zakończył z zupełnym przekonaniem. I dodał: „Kobiety są dobre tylko do seksu. Pozwalam ich przychodzić i się zabawiamy. A potem mogą sobie odejść. Stałe związki w ogóle się nie sprawdzają i przynoszą tylko rozczarowanie. Jestem dumny z mojego prawnuka, że już to pojął. Uczy się chłopak ode mnie. A mnie z kolei nauczył tego mój ojciec, ponieważ tak właśnie żył."

Tworząc tak szczęśliwy związek, jaki tworzymy, Patrick i ja poczuliśmy smutek, rozmawiając później o tym starszym człowieku w naszym domu przepełnionym energią Miłości.

Oboje wierzymy, że ten mężczyzna nigdy nie poznał Miłości i wydaje nam się, że nie tylko jest ciągle jeszcze zły na swoją byłą żonę, ale pod tą złością kryje się dużo smutku. Ma złamane serce i boi się bólu. Dlatego stworzył sobie tarczę w formie koguciej pewności siebie i ograniczonego punktu widzenia. Kurczowo trzyma się swoich przekonań, osłaniając się tą tarczą przed wszystkim, co może spowodować, że będzie podatny na ponowne zranienie emocjonalne.

Jeszcze smutniejsze w tej historii jest to, że dzieli się swoim doświadczeniem ze swoim prawnukiem w sposób, który, miejmy nadzieję, że tylko na razie odziera tego młodego człowieka z jego własnego doświadczenia Miłości. Przyjął punkt widzenia swojego pradziadka jako życiową mądrość. W końcu jego pradziadek nauczył się tego od swojego ojca, więc to musi być prawda. Z powodu tego przekonania, tak jak i oni może nie chcieć otworzyć swojego serca. Woli budować mięśnie każdego dnia, co sprawia, że daje mu to ułudę bycia prawdziwie silnym. Natomiast jego wystraszone serce jest dobrze ukryte pod tymi mięśniami, chronione i nietykalne. I tak kontynuuje się tradycja w ich rodzinie - jeden mężczyzna po drugim zostawia dziedzictwo dla następnego pokolenia, które brzmi: „Miłość jest zła. Jedynie seks bez zobowiązań jest dobry." To dziedzictwo najwyraźniej staje się samospełniającą się przepowiednią. Nie znają Miłości i nie wiedzą, jak ją znaleźć.

Celem tej książki nie jest mówienie komukolwiek, jaki styl życia powinien prowadzić. Nie jest nim też mówienie czytelnikowi, co jest dla niego najlepsze. Ta książka jest dla tych, którzy chcą zrozumieć więcej na temat Miłości, jak ona na nas wpływa, jak wspiera to, kim jesteśmy i kim mamy się stać. Napisałam ją dla tych, którzy nie boją się poszukać w sobie prawdy i chcą mieć związek oparty na prawdziwej Miłości. Dlatego zauważ proszę, że nie potępiam ani nie promuję żadnego konkretnego stylu życia. Dzielę się z Tobą moją wiedzą na temat Miłości pochodzącą ze starożytnych Nauk Nadziei (więcej na ten temat w mojej biografii na końcu), a także z moich osobistych doświadczeń w moim własnym szczęśliwym związku. Możesz wziąć tę wiedzę, przetworzyć ją i wdrożyć lub nie w swoim własnym życiu. Nie mówię Ci jednak, jak masz żyć. Pokazuję Ci tylko, czym Miłość jest, a czym nie jest. Wszelkie wnioski, jakie z tego wyciągniesz, zależą od Ciebie. Wszelkie wybory, jakich dokonujesz w życiu, w pełni zasługują na szacunek. Twoje życie to Twoja własna podróż i tylko od Ciebie zależy, jak chcesz, by wyglądała.

Jeśli jesteśmy gotowi kogoś pokochać, zamiast tylko się zauroczyć, musimy najpierw zaakceptować fakt, że nasza lista oczekiwań nie pomoże nam w odnalezieniu prawdziwej Miłości.

Nie mówię, że mamy zupełnie zapomnieć o tym, co lubimy, a czego nie lubimy, jakie są nasze preferencje. Nie martw się o to; na pewno nie poczujesz zainteresowania lub pociągu do czegoś, co w jakiś sposób Cię odpycha. Chyba że jest w Tobie coś złamanego, co kontroluje Cię z podświadomości. W takim przypadku, wszelkie negatywne zaprogramowane przekonania ukryte w Twojej podświadomości będą powodować, że poczujesz się przyciągany/-a akurat do tego, co je potwierdzi. Okaleczone osoby często znajdują się w sytuacjach, gdzie ponownie zostają zranione.

Ma to zastosowanie do tego, co przytrafia się nam w szkole, pracy, życiu zawodowym lub osobistym. I jeżeli nie poradzimy sobie z tym zaprogramowaniem, będziemy powtarzać w kółko pewne wzorce. Musisz pamiętać, że zanim nauczymy się, jak żyć świadomie, nasza podświadomość rządzi naszym myśleniem i zachowaniem średnio w 90%. Odpowiada za nasze nawyki, emocje, automatyczne reakcje, mechanizmy obronne, itp., co może powodować, że tkwimy w niechcianych sytuacjach życiowych.

W naszym życiu romantycznym przekłada się to na to, jak reagujemy na osobę, z którą angażujemy się w związek. Kiedy w jakiś sposób „nadepnie nam na odcisk", może to wywołać u nas nieproporcjonalnie silny oddźwięk. Przejawia się to także w tym, do jakiego rodzaju ludzi jesteśmy przyciągani i jakiego rodzaju reakcje mamy lub jakich nie mamy.

Taksówkarz z naszej historii był całkowicie zaślepiony przez swój niezaleczony ból emocjonalny. Nie było żadnej świadomej logiki w jego działaniu i przeżywał swoje życie na automatycznym pilocie. Co więcej, wdrukowywał swojemu własnemu prawnukowi swój negatywny wzorzec.

Jak myślisz: czy było to pomocne dla tego młodego mężczyzny w jakikolwiek sposób? Czy myślisz, że da sobie szansę na znalezienie prawdziwej Miłości i będzie w stanie stworzyć szczęśliwy związek z kimkolwiek?

Nie za bardzo na to wygląda. Na pewno nie wcześniej niż uwolni się od negatywnego wzorca swojego pradziadka, który przyjął jako swój własny. Być może pewnego dnia będzie w stanie otworzyć swój umysł i popatrzeć na życie w inny sposób. Lub - nigdy nie przebije się przez tę sztuczną skorupę i jego życie nie będzie ani szczęśliwe, ani prawdziwie wolne od ograniczeń.

Kiedy zdamy sobie sprawę z tego, że funkcjonujemy na automatycznym pilocie, najlepiej jest przestać szukać kogokolwiek. Lepiej wtedy zająć się swoimi własnymi ranami i pozbyciem się negatywnych wzorców, zanim wejdzie się z kimś w jakikolwiek związek. Musimy najpierw stać się świadomi tego, kim jesteśmy w środku. A to dlatego, że nasze podświadome zaprogramowanie nie pozwoli nam szukać prawdziwej Miłości - o ile nie uwolnimy się od tego, co zostało nam wdrukowane. Jeśli nie rozprawimy się z tym, co kontroluje nas od środka, będziemy szukać kogoś, kto może stać się jakimś wyimaginowanym „lekiem na nasze rany". Albo kogoś, kto - jak nam się wydaje - może sprawić, że przez samą jego/jej obecność w naszym życiu nasze problemy lub lęki odejdą. Lub kogoś takiego, kto spełni nasze życzenia i zadowoli zachcianki naszego ego. Nie będziemy szukać prawdziwej Miłości, ale „plastra" na rany, który sprawi, że poczujemy się lepiej na własny temat. Tylko że taki sposób myślenia to pułapka, która nie prowadzi do niczego innego oprócz kolejnego rozczarowania. Ponieważ taka osoba może stać się wyłącznie tymczasowym opatrunkiem na coś, co nigdy nie odejdzie, chyba że naprawdę sobie z tym poradzimy.

Dlatego kiedy uznasz, że znowu się „zakochałeś/-aś", zadaj sobie następujące pytania: czy naprawdę tym razem jest inaczej, czy też znowu powtarzam moje stare wzorce? Kiedy czuję, że ciągnie mnie do jakiegoś typu osoby - czy jest w mojej podświadomości coś, co zawsze przejmuje kontrolę w takich sytuacjach? Czy to, co czuję, to naprawdę Miłość? A jeśli nie - czym jest to, co czuję? Dlaczego ta osoba wydaje mi się atrakcyjna?

Nasze emocje lub silne przyciąganie do kogoś to nie jest Miłość. Miłość to energia. Jeśli nie poznamy różnicy, będziemy w kółko powtarzać te same błędy.

Kiedy naprawdę kogoś pokochamy, zauważamy prawdziwą istotę tej osoby. Jesteśmy pełni podziwu dla tego, kim ta osoba jest na głębszym poziomie, i pozwalamy energii Miłości wspierać nasz podziw.

Kiedy poznajemy czym naprawdę jest Miłość, kochanie kogoś staje się łatwe.

Sekret 4

Co Zrobić, Jak Już Się Zakochamy:

**Zaangażować Się,
Zachować Lekki Dystans
Czy Zmykać, Gdzie Pieprz Rośnie?**

Prawdziwa Miłość nigdy nie jest ślepa.
Dostrzega wszystko –
jakby miała rentgen w oczach.

Czy wiesz, w jaki sposób Patrick i ja wiedzieliśmy, że naprawdę się w sobie zakochaliśmy i że nie było to tylko zauroczenie?

Nie chodziło o to, że ciągnęło nas do siebie. Jeśli rozejrzysz się wokół - znajdziesz wiele osób fizycznie lub intelektualnie pociągających. Możesz myśleć, że to naprawdę cudowne, że istnieją, ale niekoniecznie się w nich zakochasz.

Nie chodziło też o to, że nie mogliśmy wyobrazić sobie życia oddzielnie - ponieważ nawet nie myśleliśmy o tym, czy będziemy razem na zawsze czy nie. I z pewnością nie chodziło o to, że myśleliśmy, że jesteśmy dla siebie idealni, czy że wyobrażaliśmy sobie siebie nawzajem jako idealną osobę. Zdecydowanie nie. Dobrze wiedzieliśmy, że żadne z nas nie jest idealne.

Wracamy tutaj znowu do tematu, jak Miłość jest przedstawiana w wielu filmach i książkach. Te filmowe i literackie romantyczne opowieści silnie wpływają na podświadomość odbiorców i wpajają im ideę, jak to powinno się „idealnie" odbywać w życiu. Dlatego też często budujemy w naszych umysłach wyidealizowany obraz Miłości romantycznej, który opieramy na tym, co przeczytaliśmy w książce lub zobaczyliśmy na ekranie. Zwykle wygląda to mniej więcej tak: ma się spotkać osobę, która jest dla nas idealna i bez której nie możemy żyć. Następnie mamy doświadczyć wiele stresu, gdyż dokładnie tak jak bohater/bohaterka w filmie trzeba pocierpieć w ten czy inny sposób, zanim zdobędziemy tę właściwą kobietę lub właściwego mężczyznę. Prawdopodobnym jest także, że w trakcie przeżywania naszej historii cały świat może się dla nas zawalić i możemy napotkać wiele trudności. Może zdarzyć się na przykład, że stracimy koncentrację i wyleją nas z pracy. Lub możemy zawalić szkołę lub doświadczyć innego rodzaju osobistej katastrofy.

Mimo że podobne fabuły powieści i filmów mogą dostarczać nam prawdziwej rozrywki i brzmieć ekscytująco, to jednak nie mają nic wspólnego z prawdziwą Miłością.

Miłość nie powoduje cierpienia. Możemy tęsknić za osobą, którą pokochamy, ale ta tęsknota, która jest zwykle bardziej intensywna na początkowych etapach związku, nie powoduje, że cierpimy i że poważne problemy zwalają nam się na głowę.

Cierpienie powoduje obsesja, a nie Miłość.

Obsesja na czyjś temat nie jest Miłością.

Miłość nie powoduje, że jesteśmy nieszczęśliwi. Miłość zaczyna się Radością i wypełnia nas Radością.

Kiedy się zakochamy, myśli na temat osoby, którą adorujemy, sprawiają, że się uśmiechamy. Tęsknimy za jego/jej obecnością, ale nie powoduje to, że cierpimy, gdyż cieszymy się, że ta osoba istnieje. Jesteśmy szczęśliwi, że jest gdzieś tam obok, choćby i daleko - że żyje, że oddycha. Nie musimy nawet wiedzieć dokładnie, co w tym momencie robi. Byłoby fajnie, ale nie jest to niezbędne, by mieć taką wiedzę. Nie stresujemy się przesadnie i nie mamy obsesji na jej/jego temat. Myśli o naszej ukochanej osobie przynoszą nam Radość.

I właśnie w taki sposób Patrick i ja wiedzieliśmy, że się naprawdę w sobie zakochujemy. Oczywiście żadne z nas nie analizowało tego, co się dzieje. Po prostu czuliśmy Radość. Pozwoliliśmy, by rzeczy odbywały się w taki sposób, w jaki miały się dziać. Pozwoliliśmy energii Miłości przepływać pomiędzy nami i objęliśmy ją z otwartością i zaufaniem. Nie robiliśmy żadnych planów, gdyż nie mieliśmy żadnych oczekiwań co do tego, gdzie ma nas to doprowadzić. Pozwoliliśmy Radości, jaką odczuwaliśmy, rozwijać się - a ona sprawiła, że wypełniła nas Miłość.

Prawdziwa Miłość ewoluuje naturalnie i zaczyna się od Radości, która jest jednym z aspektów Miłości. Każdy związek jest inny, ponieważ wszyscy jesteśmy inni - dlatego też każdy związek rozwija się zgodnie z naturalnym rytmem dostosowanym do osób w niego zaangażowanych. Ewolucja prawdziwej Miłości w związku zawsze wiąże się też ze stopniowym odkrywaniem i doświadczaniem 7. aspektów Miłości, o których mówiliśmy już wcześniej. Te aspekty to:

Radość, Przychylność / Akceptacja, Pokora, Równość, Pojednanie, Poddanie i Równowaga.

Pomimo tego, że są one aspektami Uniwersalnej Miłości, to jednak wpływają na nas w naszych romantycznych związkach. Podczas gdy związek oparty na prawdziwej Miłości ewoluuje, dowiadujemy się o nich wcześniej czy później.

Miłość zaczyna się Radością.

Dobrze jest o tym pamiętać, byśmy nie mylili zauroczenia czy obsesji z Miłością.

Dlaczego odczuwamy Radość, kiedy się w kimś prawdziwie zakochujemy?

Dzieje się tak, gdy rozpoznajemy i naprawdę doceniamy kogoś na głębokim poziomie. Kiedy podziwiamy to, kim ta osoba jest, ponad jej powierzchownością czy cechami osobowości. Mamy wtedy gdzieś tam w środku ciche przyjemne uczucie. Jest ono inne od tego uczucia, kiedy to powala nas czyjeś piękno czy osobowość. To ciche uczucie jest inne, bardziej głębokie i jakby kojące i - choć może się to wydawać zaskakujące - odczytujemy je jako Radość. Nie ma przy tym żadnych głośnych „fajerwerków" i w związku z tym nie tracimy zmysłów czy tchu. Kiedy nasze Serce rozpoznaje i podziwia inne Serce - odczuwamy cichą Radość. Możemy nie być nawet pewni tego, co tak właściwie czujemy. Wiemy tylko, że jest to naprawdę pozytywne i przyjemne uczucie.

Ok, możesz powiedzieć, ale czym jest to „Serce", o którym jest tu mowa?

Aby to wyjaśnić, muszę odejść na chwilę od tematu Miłości i zrobić małą dygresję.

Prawdopodobnie zauważyłeś/-aś, że napisałam „Serce" powyżej wielką literą. W Naukach Nadziei piszemy słowo Serce wielką literą, kiedy używamy go, by opisać nasz „rdzeń", naszą „czystą istotę wewnętrzną". Tę część nas, w której znajduje się nasza własna piękna prawda, wolna od jakichkolwiek uwarunkowań czy lęków. Co to oznacza dokładnie? Oznacza to, że na głębszym poziomie nie jesteśmy tylko swoją fizyczną powłoką, czy też swoją osobowością, umysłem, emocjami czy swoim ego. Jesteśmy świadomością. Jesteśmy świadomością, która wyraża siebie poprzez doświadczanie siebie za pośrednictwem naszego ciała, osobowości, umysłu, emocji czy ego. Jeśli zechcesz, możesz dodać do tej listy także duszę - w zależności od Twoich osobistych przekonań. Proszę zauważ jednak, że Twoja dusza to także jeszcze jedno z narzędzi dla Twojej świadomości, którego ta używa, by doświadczać siebie. Twoja dusza staje się pojazdem dla Twojej świadomości w świecie duchowym, dokładnie tak samo jak ciało staje się nim w świecie materialnym/fizycznym. (Osoby chcące się dowiedzieć więcej na ten temat: odsyłam do innych moich książek.)

Nie mówimy tutaj o świadomości naszych zmysłów. Chociaż niektóre medyczne terminy mogą nadal opisywać ją w taki sposób, nauki medyczne coraz więcej mówią także o świadomości poza zmysłami. Prowadzi się dużo badań, by dowiedzieć się, jak działa taka świadomość: dlaczego ludzie w zupełnym znieczuleniu nadal mogą być świadomi swojego otoczenia, dlaczego niektórzy cierpią z powodu chronicznego bólu, kiedy może nie być żadnego oczywistego fizycznego powodu takiego bólu. Kolejną zagadką jest to, że fale mózgowe Gamma (powiązane z altruizmem i tzw. „wyższymi wartościami") mają częstotliwości wybiegające poza granice emisji potencjału czynnościowego neuronów. Innymi słowy, mózg nie jest w stanie takiej częstotliwości wyprodukować.

Tak więc istnieje wyraźna różnica pomiędzy świadomością naszych zmysłów, a świadomością, którą jesteśmy poza zmysłami, nieograniczoną do naszego ciała. Ta świadomość, którą jesteśmy poza zmysłami, jest energią, tak jak wszystko inne w świecie. Jest to zarówno zgodne z wiedzą i mądrością starożytnych Mistrzów, jak i z założeniami mechaniki kwantowej - najbardziej precyzyjnej teorii fizycznej, która nie tylko objaśnia wszystko począwszy od tego, jak świecą gwiazdy i słońce, poprzez to, dlaczego obiekty wydają się być twarde, ale także daje nam wszystko począwszy od chipów komputerowych, tranzystorów i laserów aż do bomb atomowych.

Jako energia, indywidualna świadomość, którą jesteś, lub Serce - jak nazywamy to w Naukach Nadziei - nie tylko jesteś jedyny/-a w swoim rodzaju, ale także jesteś piękny/-a i niezastąpiony/-a. Twoje Serce ma jedyną w swoim rodzaju, niepowtarzalną częstotliwość wibracji. Ta częstotliwość nieustannie wzrasta, kiedy się rozwijasz. Dzieje się tak dlatego, że kiedy się rozwijasz - świadomość, którą jesteś, poszerza się w naturalny sposób. Z drugiej strony, jeśli się nie rozwijasz, świadomość, którą jesteś, zaniża częstotliwość swoich unikalnych wibracji.

Czy kiedykolwiek słyszałeś/-aś stwierdzenie, że niektórzy ludzie nadają na „podobnych falach"? Tak właśnie mówimy o osobach, które według nas w jakiś sposób są do siebie „podobne". I nie chodzi nam o ich poziom intelektualny, emocjonalny czy sprawność fizyczną. Zauważamy po prostu, że mają ze sobą coś wspólnego, ale jest to coś nienamacalnego, więc mówimy, że mają „podobne wibracje". I tak właśnie naprawdę jest.

Kiedy popatrzysz na jakąś osobę na głębszym poziomie, dostrzeżesz jej czyste Serce, jej prawdziwą istotę. Rozpoznasz jej „wibracje". Możesz wtedy zakochać się w tej osobie, jeżeli jej „wibracje" Cię pociągają. Nie ma to znaczenia, że możecie być „jabłkami" i „pomarańczami" pod każdym innym względem - ale kiedy zaczyna chodzić o wibracje, nie zakochasz się w kimś, jeżeli częstotliwości Waszych wibracji są zbyt odległe. Owszem, możesz się taką osobą zauroczyć, ale nie będziesz w stanie dzielić z nią energii Miłości.

Miłość nie jest ślepa. Miłość przeszywa wzrokiem jak „rentgen" i widzi Cię takim, jakim naprawdę jesteś.

Dojrzy prawdę o Tobie pod powłoką zewnętrznych cech czy wyglądu. Będzie wiedzieć, czy Twoje zachowanie, emocje czy którekolwiek z Twoich reakcji są prawdziwym odzwierciedleniem tego, kim jesteś, czy jest to tylko podświadome zaprogramowanie. Miłość będzie doceniać Cię takim, jakim jesteś. Jeśli masz jakieś rany emocjonalne lub wdrukowane negatywne podświadome wzorce i potrzebujesz czasu, żeby się z nich uzdrowić, będzie Cię w tym wspierać. Zauważ, że wspieranie kogoś, kogo kochamy, nie oznacza poświęcenia swojego własnego szczęścia dla tej osoby. Zrujnowanie swojego własnego szczęścia w jakikolwiek sposób jest związane z zauroczeniem i obsesją, a nie z prawdziwą Miłością. Kiedy mówimy, że prawdziwa Miłość obejmuje, a nie wyklucza - oznacza to także, że prawdziwa Miłość wspiera dobro obu zaangażowanych osób.

Jest to bardzo ważne, żeby o tym pamiętać. Równie ważnym jest to, by wiedzieć, czy osoba, na którą my jesteśmy gotowi, jest także gotowa na nas. Jak mamy to wiedzieć? W ten sam sposób, w jaki dowiadujemy się tego na własny temat: jeżeli ktoś potrafi odczuwać zwykłą Radość ze swojego istnienia, jeżeli nie stresuje się przesadnie i nie ma obsesji na czyjś temat, wówczas zdecydowanie jest gotów/gotowa na to, by otworzyć się na dzielenie z kimś energii Miłości.

Natomiast jeżeli widzimy, że kimś targają konflikty, że obawia się otworzyć własne serce, boi się intymności, że jest przesadnie „przylepiony" do nas lub zbyt oddalony czy też irracjonalnie zazdrosny - nie jest to dobry pomysł, by wiązać się z taką osobą. Ryzyko jest zbyt wielkie. Tak, oczywiście, Twoja życzliwość i wsparcie mogą pomóc tej osobie w uzdrowieniu. Jednak istnieje możliwość, że jeśli ten ktoś ma sporo do uleczenia, sprawy w związku mogą przybrać zły obrót i oboje możecie wyjść z niego ze złamanym sercem. Najlepiej jest, kiedy taka osoba zajmie się najpierw uzdrowieniem swoich ran emocjonalnych. Musi zająć się tym, co „bruździ" w jej/jego podświadomości, gdyż przede wszystkim chodzi tu o jej/jego własne szczęście.

Nie jest łatwo dokonać takiego wyboru, kiedy kogoś kochamy. Jednak prawdziwa Miłość nie jest naiwna ani ślepa. Pozwala nam dowiedzieć się, co mamy wybrać, ponieważ zawsze chce tego, co będzie najlepsze dla obu zaangażowanych osób. Nieszczęśliwy związek nie jest tym, co mogłoby być dla nas najlepsze.

Prawdziwa Miłość mówi nam, kiedy się zaangażować, a kiedy się nie angażować. Nie powoduje, że uciekamy, kiedy sprawy stają się trudne, ale nie pozwala nam też poświęcać naszego własnego szczęścia, kiedy wszystko wymyka się spod kontroli.

Prawdziwa Miłość nie sprawia, że rzucamy się w związek, mając nadzieję na „uratowanie" kogoś, jeśli widać jasno i wyraźnie, że osoba stojąca przed nami nie jest gotowa na Miłość. Kiedy prawdziwie kogoś pokochamy, jesteśmy wtedy cierpliwi i pozwalamy tej osobie uleczyć się z emocjonalnych ran, pozostając dla niej przyjaznym i pełnym wsparcia. Oznacza to, że możemy pozostać blisko tej osoby, jeżeli taki jest nasz wybór, ale tylko w charakterze przyjaciela. Nie angażujemy się w związek z kimś, kto nie jest gotowy na prawdziwą Miłość.

Istnieją także sytuacje, kiedy Miłość będzie nam podpowiadać, żeby uciekać. Na serio, czasem to jest właśnie najlepsza rzecz, jaką możemy zrobić dla tej osoby, w której się zakochaliśmy. Nasza obecność w jej życiu w jakimkolwiek charakterze - nawet jako przyjaciela, nie będzie jej pomagać. Zamiast tego, nasza obecność może spowodować, że nie weźmie ona pełnej odpowiedzialności za swoje własne uzdrowienie, więc nie będzie miało ono miejsca, a przy tym my także możemy dodatkowo zostać zranieni na różne nieprzewidziane sposoby.

Mowa jest tutaj o osobach, których emocjonalne rany są tak głębokie, że wyłącznie pozostawienie ich samym sobie może pozwolić im się uleczyć. Ktoś na przykład może mieć podświadomy lęk przed byciem samym - więc nasza obecność nie pomoże jej/jemu sobie z tym poradzić. Może też być tak, że ktoś obawia się intymności, zaangażowania lub bycia zranionym emocjonalnie itp. - wówczas nasza obecność może pogorszyć jej/jego stan, nie pozwalając na powzięcie właściwych kroków. Czy pamiętasz taksówkarza, o którym była mowa w poprzednim rozdziale? Tak, to właśnie jest taki typowy przypadek, kiedy lepiej jest uciekać od takiej osoby, nawet jeśli zaczniesz zakochiwać się w jej/jego czystym Sercu. Taki człowiek nie otworzy się na prawdziwą Miłość, ponieważ zamknął sobie na cztery spusty drzwi prowadzące do takiej możliwości. Dopóki nie wyleczy siebie na głębokim, podświadomym poziomie, każdy związek, jakiego się podejmie, zakończy się katastrofą.

Oczywistą oznaką, że ktoś nie jest gotowy na związek, jest to, że unika otwarcia się na Miłość. Może tak być, dlatego że doświadczył/-a złamanego serca, które jeszcze się nie zagoiło, ale może tak być jeszcze z jakiegoś innego powodu. Niektórzy ludzie mają głęboko wdrukowane różne negatywne koncepcje, takie jak na przykład: „Miłość przynosi cierpienie" lub „kobiety nie mają mózgu" albo „mężczyźni nie są godni zaufania", itd. Mogą też czuć, że są nieudaczni, bezwartościowi lub nie zasługują na Miłość. Takie osoby rzadko biorą odpowiedzialność za swoje własne uczucia. Będą za to otwarcie winić innych za swoje podejście do związku lub szukać wszelkich możliwych wymówek, by przekonać Cię, że ktoś nie jest dla nich odpowiedni. Innymi słowy, zawsze to będzie ktoś inny, komu czegoś brakuje. Albo mogą też twierdzić, że są zbyt zajęci swoją pracą lub nie czują się wystarczająco stabilni finansowo, by zacząć związek i że nie jest to dla nich odpowiedni czas. Istotnie - nie jest to dobry czas i nigdy może nie nadejść.

Może też być tak, że osoba, która nie jest gotowa na Miłość, rzuca się w wir związku zbyt ochoczo. I naturalnie potem, gdy znika zauroczenie, staje się bardzo nieszczęśliwa. Taka osoba może mieć wdrukowane przekonanie, że musi być z kimś, ponieważ inaczej nie będzie wystarczająco dobry/-a i że nie będzie żyć „tak jak trzeba" według standardów swojego środowiska. Lub może też mieć podświadomy lęk przed byciem samym i nigdy nie czuć się dobrze w samotności. Tacy ludzie zwykle albo nie wiedzą, kim prawdziwie są w głębi duszy lub nigdy nie byli akceptowani jako tacy, jakimi naprawdę są. Mogą się także zbyt kurczowo trzymać partnera w związku, być zaborczymi, kontrolującymi i bezzasadnie zazdrosnymi (pewien poziom zazdrości jest obecny zwykle na pierwszych etapach związku lub nawet później - jest to dość normalne i zawsze będziemy widzieć różnicę pomiędzy taką normalną zazdrością a zazdrością nieuzasadnioną i irracjonalną). Osoby takie mogą ciągle fantazjować/mieć obsesje na temat kogoś, kogo pożądają, próbować go/ją kontrolować lub nim manipulować, złoszcząc się na niego/nią, kiedy nie spełnia ich oczekiwań. Taka chęć trzymania się kogoś na siłę, irracjonalna zazdrość, zaborczość oraz wyraźna złość są oczywistymi oznakami niestabilności, a nawet mogą wskazywać w niektórych przypadkach na poważne zaburzenia psychologiczne.

Jeżeli jesteś zaangażowany/-a w związek z taką osobą, Twoja Miłość nie pomoże jej się uzdrowić. Więc nawet jeśli jesteś zakochany/-a - jako, że wszystko jest możliwe, kiedy docenisz czyjeś czyste Serce - musisz wiedzieć, w którym miejscu się zatrzymać. Jeśli widzisz oznaki czyjegoś głębokiego emocjonalnego zranienia, nie powinieneś/powinnaś angażować się dalej w taki związek - chyba że robisz tak dlatego, że zaślepiają Cię Twoje własne lęki i emocjonalne rany. Wówczas musisz zająć się tym, co jest połamane wewnątrz Ciebie. W przeciwnym wypadku - zawsze będziesz nieszczęśliwy/-a w swoich związkach i możesz nigdy nie poznać prawdziwej Miłości.

Samo to, że kogoś kochamy, nie oznacza, że mamy pozwolić tej osobie rujnować nasze szczęście.
Kiedy kogoś kochamy, rozpracujemy to, co jest dla tej osoby najlepsze. Rozpracujemy również to, co jest najlepsze dla nas samych.
Prawdziwa Miłość nigdy nie jest ślepa.
Przeszywa wzrokiem jak „rentgen", aby rozpoznać prawdziwe Serce pod zewnętrzną powłoką wyglądu czy cechami charakteru.
I wówczas - wykorzystuje tę wiedzę, kiedy nadchodzi czas,

by zdecydować, co robić dalej.
Kiedy się zakochiwaliśmy w sobie, ani Partick ani ja nie byliśmy wolni od naszych ran emocjonalnych i podświadomych zaprogramowań. Każde z nas miało wcześniejsze doświadczenia w życiu, które wpłynęły na nas w określony sposób, jednak oboje byliśmy gotowi na to, by eksplorować energię Miłości i się nią dzielić. Byliśmy w stanie mówić o naszych zranieniach, byliśmy w stanie mówić o naszych lękach i stanąć im naprzeciw. Każde z nas chciało wziąć odpowiedzialność za swoje własne uzdrowienie. Nie oczekiwaliśmy niczego od siebie nawzajem. Nie wiedząc, co stanie się dalej, zaufaliśmy energii Miłości i czuliśmy Radość.

Radość nie jest czymś, co możesz pomylić z czymkolwiek innym. Nie można jej udawać i nie można się do niej zmusić.

Radość z bycia razem. Radość z odkrywania siebie nawzajem na najgłębszym poziomie. Cieszenie się tajemnicą tego, dokąd nasz związek może nas zaprowadzić.

Kiedy odczuwasz ten rodzaj Radości, jest to oznaka, że zaczyna się prawdziwa Miłość.

SEKRET 5

CZY DA SIĘ PRZEWIDZIEĆ JAKI BĘDZIE NASZ ZWIĄZEK: UDANY CZY NIE?

Jabłka mogą się dopasować z pomarańczami.

Ale jabłka i pomarańcze nie przetrwają w obecności słonia.

Słoń je po prostu skonsumuje.

Jakiego „słonia" hodujemy we własnym domu?

Są ludzie, którzy z zapartym tchem oglądają prognozę pogody. I są ludzie, którzy rzadko kiedy śledzą takie informacje na bieżąco. Po prostu wystawiają głowę za drzwi i podejmują decyzję, czy biorą ze sobą parasol czy nie. Jeszcze inni mogą sprawdzać bieżące informacje na temat pogody, ale i tak ostatecznie patrzą w niebo, aby podjąć decyzję. Są też tacy, którzy zasadniczo nie używają parasoli, gdyż uważają, że odrobina deszczu jeszcze nikomu nie zaszkodziła.

Próby przewidzenia, jaki bieg obierze nasz związek, przypominają próby przewidzenia pogody. Takie przewidywania nie zawsze są dokładne. Tak jak pogoda może się zmieniać z powodu różnych czynników, tak i Twój związek może się zmieniać, kiedy ewoluuje wraz z Tobą. Lub - bardziej precyzyjnie ewoluuje wraz z Wami obojgiem.

Tak więc nie ma tak naprawdę sposobu, aby dowiedzieć się z całą pewnością, gdzie taka podróż w związku może nas doprowadzić. Tym niemniej tak jak z prognozą pogody - możesz mieć pewien ogólny pogląd na to, jakie tendencje/możliwości mogą tam zaistnieć. Możesz być w stanie założyć, jaki będzie obrót spraw, kiedy masz pewną wiedzę na temat Waszej kompatybilności: Waszych osobowości, pochodzenia, poglądów, poprzednich związków romantycznych, możliwych ran emocjonalnych lub podświadomego zaprogramowania itp. Tak, to może powiedzieć Ci co nieco na temat tego, co może pojawić się w Twoim związku.

Oczywiście dużo łatwiej jest dwóm osobom mieć dobrą relację i być ze sobą blisko, kiedy jest między nimi wiele podobieństw. Potencjalnie będziesz cieszyć się Waszym wspólnie spędzanym czasem, kiedy lubicie te same lub podobne rzeczy: począwszy od muzyki, filmów, książek, jedzenia, być może sportów - a skończywszy na tym, gdzie chcecie pojechać na wakacje lub mieszkać.

Jednak uzyskanie wysokiego wyniku na skali kompatybilności nie jest wcale niezbędne. Dobra wiadomość jest taka, że wiele rzeczy da się wypracować. Możesz mieć nadal szczęśliwy związek, jeżeli macie nieco różne gusta. Tak długo jak nie będziecie narzucać sobie nawzajem swojego punktu widzenia i szanować preferencje drugiej osoby możecie wypracować podejście, które będzie satysfakcjonujące dla obu stron. Możliwe jest, że dojdziecie do porozumienia spotykając się gdzieś pośrodku, jeżeli chodzi o pewne rzeczy i zdecydujecie się, że najlepiej stosować metodę „raz Ty, raz ja wybieramy, co mamy robić razem". Najważniejszą rzeczą jest zachowanie otwartego umysłu. Unikniecie poważnych problemów, jeżeli będziecie szanować to, na co się umówiliście, a dodatkowo możecie próbować nowych rzeczy, co może okazać się dość interesujące.

Wasza kompatybilność jest czymś, co można podwyższyć, a nawet stworzyć.

Jednak nie jest to takie pewne, że kiedy znakomicie do siebie pasujecie, to Wasz związek będzie cały czas usłany różami. Wiem, że istnieją pewne osoby, które uważają to za najważniejszą rzecz. Jednak, jeżeli rozejrzysz się wokół, dostrzeżesz, że kompatybilność nie jest głównym spoiwem związku. Jest nim Miłość. Istnieje wiele szczęśliwych „jabłek" i „pomarańczy", które kochają i wspierają się nawzajem pomimo swoich różnic. Czasem nawet różnice te sprawiają, że ich związek jest dla nich ekscytujący, gdyż im więcej dowiadują się o świecie tej drugiej osoby, tym większą radość przynosi im wspólny rozwój przy odkrywaniu nowych rzeczy.

Nie myl kompatybilności z receptą na dobry związek.
To zależy od Was, a nie od Waszych podobieństw i różnic, jaki rodzaj związku stworzycie.

Osoby, które wydawałoby się świetnie do siebie pasują, niekoniecznie wykazują większe prawdopodobieństwo pozostania razem. To jest mit. Żadne statystyki rozwodowe, z którymi możesz się zapoznać, nic takiego nie wykażą. Możesz tracić czas, próbując spełnić standardy testów kompatybilności lub podobnych narzędzi. Istnieją inne czynniki, które odgrywają główną rolę w sukcesie lub porażce związku. Tak, Wasze podobieństwa mogą pomóc Wam cieszyć się wspólnie spędzonym czasem, ale nie są gwarancją pełnego Miłości i szczęścia związku. Jeżeli kogoś kochasz, nie kochasz go/jej dlatego, że jest takim samym „jabłkiem" jak Ty. Kochasz go/ją, niezależnie od tego, czy jest „jabłkiem" czy „pomarańczą". Właśnie tak. W Miłości nie chodzi o wybieranie. W Miłości chodzi o Radość i Akceptację.

Przychylność/Akceptacja to drugi aspekt prawdziwej Miłości i będziemy o niej mówić jeszcze więcej w tej książce, jak i o pozostałych aspektach Miłości.

Jednak jest coś, czego musisz być świadomy/-a. Tak jak prognoza pogody może ostrzec Cię przed możliwym huraganem czy burzą śnieżną, tak też są pewne znaki, które mogą ostrzec Cię przed możliwymi problemami, na które musisz zwrócić uwagę, zanim zaangażujesz się poważniej w związek.

A więc co może być takim „słoniem" w naszym domu – jak ten przysłowiowy, czyniący szkody w składzie porcelany?

Lepiej się temu przyjrzeć niż temu zaprzeczać, mając nadzieję, że Miłość wszystko zrekompensuje.

Miłość nie jest tu po to, by rozwiązać Twoje problemy, pamiętasz? Ona nie działa w ten sposób. Tak, Miłość może pomóc Ci się rozwinąć w sposób, jaki wybierzesz. Na to możesz liczyć. Ale reszta zależy od Ciebie.

Aby dowiedzieć się, z jakim „słoniem" możesz mieć do czynienia, musisz zadać sobie kilka istotnych pytań. Zacznijmy od najbardziej oczywistych rzeczy: Jaki rodzaj związku chciałbyś/chciałabyś mieć z osobą, którą kochasz - na wyłączność czy nie na wyłączność? Małżeństwo czy długoterminowy związek bez permanentnych więzów? Małżeństwo tradycyjne czy otwarte? Czy chciałbyś/chciałabyś mieszkać z tą osobą czy mieszkać oddzielnie? Co ze wspólnotą finansów: czy wolisz mieć wspólne konta czy oddzielne? A jakie są Twoje odczucia na temat dzieci?

Lista może się dalej ciągnąć i istnieją różne możliwości co do ustaleń, na jakie może zdecydować się para. Jednak ważne jest, żeby żadna ze stron nie oszukiwała samej siebie przy podejmowaniu takich decyzji. Jeżeli którekolwiek z Was zgadza się na coś bez wystarczającego przemyślenia tej kwestii - tylko dlatego, że chce zatrzymać tę drugą osobę - może to się później na Was odbić. Na przykład jeżeli preferujesz wyłączność, ale zgadzasz się na związek bez takiej wyłączności, wcześniej czy później możesz nie czuć się dobrze ze śpiącą u Twojego boku osobą, której luźny układ bardziej odpowiada.

Jeżeli chcesz zbudować tradycyjne gospodarstwo domowe - posiadanie dwóch odrębnych mieszkań może nie być dla Ciebie satysfakcjonujące i Twój brak zadowolenia z tej sytuacji może pewnego dnia odbić się głośną czkawką. Jeżeli kochasz dzieci, ale ta druga osoba nie potrzebuje lub nie chce ich w Waszym życiu - możesz nie tylko odczuwać brak czegoś, co jest dla Ciebie istotne, jeżeli chodzi o doświadczenia życiowe, ale także podświadomie lub otwarcie możesz zacząć obwiniać swojego partnera za taki stan rzeczy. Jeżeli lubisz dzielenie się wszystkim w związku, ale ta druga osoba nalega, aby wasze finanse były odrębne, możesz poczuć, że Ci nie ufa lub że nie jesteście tak naprawdę razem. Jeżeli lubisz oszczędzanie i planowanie swojej przyszłości z równoczesnym uważnym zarządzaniem pieniędzmi, a ta druga osoba zbyt spontanicznie je wydaje - może to doprowadzić do sytuacji, w której będzie to zbyt wiele do zniesienia dla obojga lub jednego z Was.

Tak więc, jak widzisz, nawet na wczesnych etapach związku są rzeczy, którymi trzeba się zająć. Musisz dowiedzieć się, czy Wasz „słoń" jest czymś, z czym można sobie poradzić czy nie. Oczywiście Twój pogląd na to, czego potrzebujesz w związku, może się zmienić i tak samo może się zmienić pogląd Twojego partnera. Lub być może zdecydujecie się zaakceptować rzeczy takimi, jakie są, i podjąć ryzyko. To zależy od Was. Jednak ważne jest, żeby dobrze poznać swojego „słonia". Musicie się z nim zmierzyć i sobie z nim poradzić w przeciwnym wypadku, bez względu na to, o jaką kwestię chodzi, może urosnąć ona do rozmiarów większych niż będziecie w stanie wytrzymać. Wasz „słoń" może poczynić szkody w Waszym związku i nie pozwolić na rozwój Waszej Miłości. Musicie zdecydować, co chcecie z nim zrobić, zanim będzie za późno. Jest to o wiele poważniejsza decyzja niż zdecydowanie się na pozostawienie w domu parasolki, kiedy istnieje możliwość deszczu. Jeżeli nie chcemy przyjrzeć się temu, co może się nie udać w naszym związku - jest to tak, jakbyśmy powiedzieli: „Nieważne, że ostrzegają nas przed tornadem. Zostawię po prostu otwarte okna i będę mieć nadzieję, że wszystko się jakoś ułoży." Innymi słowy: kiedy unikamy dostrzegania oczywistych, wielkich jak słoń rzeczy, zapraszamy do swojego życia katastrofę.

**Ze wszystkim można sobie poradzić,
kiedy jest się przygotowanym.**

Musicie być świadomi tego, co może się stać i podjąć świadomą decyzję na temat tego, czy jesteście gotowi sobie z tym poradzić czy nie.

W naszym związku Patrick i ja musieliśmy dostrzec, że naszym „słoniem" jest nasza różnica wieku. Nie mogliśmy po prostu udawać, że nie istnieje i pozwolić sobie rozmarzyć się na temat romantycznej wizji naszego szczęścia do końca życia. Musieliśmy przyjrzeć się naszym możliwym wewnętrznym lękom. Patrick musiał być świadomy faktu, że bycie dużo młodszym mężczyzną w związku z dojrzałą kobietą może wywoływać u niego pewien brak pewności siebie. Że może czuć się nieodpowiedni u boku kogoś, kto osiągnął wiele sukcesów i ma dużo doświadczenia życiowego. Musiał także być przygotowany na to, że mogą pojawić się ludzie, którzy będą postrzegali go jako chłopcazabawkę lub kogoś, kto nie mógł zdecydować się, co zrobić ze swoim własnym życiem i musiał się „trzymać czyjejś spódnicy". Z drugiej strony, ja musiałam przyjrzeć się temu, jak może się czuć starsza kobieta, która poślubia przystojnego i bardzo inteligentnego młodego mężczyznę. Czy będę się bać, że może zostawić mnie dla atrakcyjnej kobiety w swoim wieku lub może nie być w stanie tak naprawdę cieszyć się naszym związkiem? Czy będę czuć się bardziej jak jego matka niż jak kochanka? Co z wystarczającą pewnością i akceptacją mojego własnego ciała w miarę upływu czasu? A ponadto, co najważniejsze - czy jest to możliwe, żeby ambitna i spełniona kobieta, którą jestem, tak naprawdę była usatysfakcjonowana związkiem z młodym mężczyzną, który ciągle jeszcze ma przed sobą osiągnięcie tego, co chce osiągnąć w swoim życiu?

Dodatkowo do tego wszystkiego - czy będziemy w stanie przetrwać, jeżeli ludzie będą skazywali nasz związek na porażkę lub próbowali zatruwać nas swoimi negatywnymi uwagami? Jak to na nas wpłynie? Czy ich negatywność wsiąknie do naszych umysłów i zrujnuje naszą radość bycia razem? To były pytania, na które musieliśmy sobie odpowiedzieć głęboko w swoim sercu, stojąc w obliczu naszego słodkiego „słonia".

Wszyscy wiemy dobrze, że w życiu nie ma żadnych gwarancji.
Jedyną rzeczą, jakiej w ogóle możemy być pewni, jest to,
że nasze szczęście zależy od tego,
jak postrzegamy nasze życie i samych siebie.
Jeżeli próbujemy budować nasze szczęście na podstawie czegokolwiek innego niż powyższe, możemy doznać poważnego rozczarowania.

Być może nasz „słoń" nie był największym, jaki mógłby nam się trafić. Być może brzmi to dla Ciebie tak, jakby ta kwestia nie istniała - w zależności od tego, jakie masz doświadczenia lub poglądy. Jednak z naszego punktu widzenia - nasz związek mógł zostać zniszczony, jeżeli nie poradzilibyśmy sobie z tym wszystkim. Musieliśmy spojrzeć temu w twarz, zaakceptować to i wówczas zdecydować, czy chcemy podjąć ryzyko.

Tylko po upływie wystarczającej ilości czasu - kilku lat od naszego ślubu, byliśmy w stanie tak naprawdę powiedzieć, że dokonaliśmy właściwego wyboru. Jesteśmy ze sobą bardzo szczęśliwi, a nasza Miłość nadal się rozwija, dzień po dniu.

A kiedy ktoś zaczyna mówić na temat naszej różnicy wieku, nie ma to w ogóle na nas żadnego negatywnego wpływu. Albo nie reagujemy, albo się z tego śmiejemy. Czasem nawet taka sytuacja staje się dla nas powodem do dziecięcej wręcz uciechy. Nie odczuwamy potrzeby, żeby tłumaczyć się komukolwiek, chociaż rozumiemy, że niektórzy ludzie mogą być zdziwieni taką różnicą wieku. Tak naprawdę cieszymy się tym, gdyż okazało się to dla nas na różne sposoby korzystne, między innymi w zakresie tego, jak wiele się na swój temat nauczyliśmy i jak dużo uzdrowienia z tego popłynęło. Co więcej, przeciwnie do tego, co można byłoby przypuszczać, dostajemy wiele akceptacji i pochwał od ludzi, od których byśmy się tego najmniej spodziewali. Wydaje się, że inni czują się naprawdę zachęceni, widząc nasze szczęście i motywuje to ich do zaproszenia prawdziwej Miłości do własnego życia. Bardzo miła to dla nas niespodzianka. Jednak nie jest to przecież coś, co mogliśmy przewidzieć. Krótko mówiąc: wiedzieliśmy, że to, w co wchodzimy, może być trudne. Jednak wiedzieliśmy także, że jesteśmy gotowi na wszystko, co może nastąpić. Nasz „słoń" pokłusował radośnie na odległą piękną łąkę, gdzie sobie szczęśliwie i spokojnie mieszka. Nie wyrządził nam żadnej szkody. A jednak mogło się okazać inaczej, prawda?

Jeżeli istnieje pewna oczywista kwestia, wielgachny „słoń", który może stanowić poważny problem - nie możesz tego unikać, mając nadzieję, że wszystko samo się rozwiąże. Nie, nie odejdzie tak po prostu.

Musisz wziąć odpowiedzialność za swój związek. Tak, jak powinno się również wziąć odpowiedzialność za swoje własne szczęście. Pamiętaj, że to, co wydaje się nie aż tak poważną sprawą w ujęciu krótkoterminowym, może okazać się katastrofą w długoterminowym związku.

Uczciwe i dojrzałe podejście do swojego związku jest oznaką, że jesteś gotowy/-a na prawdziwą Miłość.

„Słoń" w naszym domu może mieć różne kształty i formy. Może to być dla Ciebie zaskoczeniem, ale wiele związków się nie udaje z powodu braku wsparcia dla drugiej osoby w dobrych czasach. Można by oczekiwać, że będzie przeciwnie, gdyż logicznie rzecz biorąc, trudne czasy mogą być naprawdę ciężkie do przetrwania bez odpowiedniego wsparcia partnera. Jednak najwyraźniej wiele osób chce wycofać się ze swojego małżeństwa/związku, gdyż ich partner wydaje się niezbyt zadowolony, kiedy oni sami są szczęśliwi lub cieszą się momentami swojego triumfu.
Tak więc, czy jesteś naprawdę podekscytowany/-a na temat tego, kim jest ta osoba przed Tobą? Czy jest to dla Ciebie ważne, żeby ta osoba rozkwitała? Czy ta osoba jest także zainteresowana tym, kim Ty jesteś i czy wspiera Cię w tym, co dla Ciebie ważne? Czy

myślisz, że bylibyście prawdziwie szczęśliwi, gdyby ta druga osoba osiągnęła swoje marzenia?

Jeden z moich dobrych przyjaciół, Richard, powiedział, że jeżeli chodzi o związki, ważniejsze jest, żeby być zainteresowanym, niż żeby być interesującym. A Ty jak uważasz? Czy zaabsorbowanie samym sobą może stać się oczywistym „słoniem"? A jeśli tak jest w Twoim związku, co chcesz z tym zrobić?

Inną rzeczą, która może spowodować prawdziwe problemy jest różnica w zakresie podejścia do finansów - tak jak już wcześniej wspominałam. Kiedy jedno z Was uwielbia dużo wydawać, a drugie jest dusigroszem, Wasz „słoń" na pewno zacznie trąbić lub kopać, zmieniając Wasz dom w pobojowisko. Nie ma co do tego żadnych wątpliwości. Jest to duży błąd, żeby zakładać, że można łatwo znaleźć wspólny obszar porozumienia w takim przypadku. Nie jest to łatwe dla żadnego z nas, żeby nagiąć swoje przyzwyczajenia do zasad drugiej osoby. Nie jest to niemożliwe, jednak ta kwestia powinna być rozwiązana od razu. Musisz zgodzić się na coś i przestrzegać tej umowy. Widzisz, finanse są bardzo istotne dla nas wszystkich. Z powodu tego, jak działa system, w którym żyjemy, pieniądze stały się nie tylko narzędziem do zapewnienia naszego przetrwania, ale także częścią naszej tożsamości. Wiele ludzi łączy swoje poczucie własnej wartości ze stanem swoich finansów. Nie jest to coś, co należy traktować po macoszemu. O ile oboje nie macie lekkiego podejścia do tego, co posiadacie lub czego nie posiadacie, Wasze oczywiste różnice w tej kwestii staną się ogromną przeszkodą i katastrofą w Waszym związku.

Kolejną rzeczą, której trzeba się przyjrzeć, jest to, jakie macie podejście do seksu i intymności. Tak jak mówiłam wcześniej w tym rozdziale, każdy ma swoje własne upodobania co do stylu życia i bycia. Nikt nie może powiedzieć Ci, jaki rodzaj intymnego związku jest najlepszy, ponieważ to Ty wiesz najlepiej, co działa w Twoim przypadku, i to Twoja sprawa, jak chcesz żyć. Nieważne, czy Ty i Twój partner jesteście heteroseksualni, homo-seksualni czy biseksualni, wszyscy chcemy czuć się dobrze na temat naszych intymnych chwil. Jeżeli którykolwiek z partnerów nie lubi sposobu, w jaki zachowujecie się w łóżko - Wasza początkowa ekscytacja na temat drugiej osoby może przerodzić się w niechęć.

Kiedy otwieramy się na intymność, stajemy się bardziej podatni na zranienie. Nie będziemy czuć się dobrze (ani bezpiecznie) na temat czegoś, co jest niezgodne z nami.

Tak, można chcieć spróbować nowych rzeczy i nawet eksperymentować - wiele osób to robi. Jednak, jeżeli to, z czym eksperymentujemy nie jest zgodne z tym, co czujemy w środku, nie będziemy w stanie „tak po prostu się do tego przyzwyczaić" i zapomnieć, że to nie jest to, czego tak naprawdę pragniemy. Wszyscy chcemy przeżywać bliskość w taki sposób, który jest dla nas prawdziwy. Chcemy otworzyć się na osobę, którą kochamy i swobodnie dzielić się z nią sobą. Możliwość doświadczania samych siebie z zupełną otwartością jest najpiękniejszym darem, jaki intymność/seks może nam oferować. Jest to możliwe tylko w atmosferze pełnej miłości, bezpieczeństwa i zupełnej akceptacji. To właśnie dlatego ważne jest, żebyśmy pozostali uczciwi na temat tego, czego chcemy, kiedy zamierzamy stworzyć takie warunki z naszym partnerem lub małżonkiem.

U Patricka w pracy było małżeństwo, które zdecydowało się mieć otwarty związek. Jednak podczas gdy jedno z nich otwarcie się do tego przyznawało, ta druga osoba zaprzeczała swojemu zaangażowaniu w jakikolwiek związek, kiedy tylko miała na to ochotę i często udawała, że jest singlem. Wyglądało to tak, jakby ta osoba chciała mieć więcej możliwości seksu z różnymi osobami, również takimi, które nie chcą się angażować w seks z osobą, która jest w związku z kimś innym. Nie tylko oszukiwała swoich potencjalnych partnerów seksualnych, ale także nie była uczciwa w stosunku do osoby, którą - jak twierdziła - kocha. Zauważ, że nie oceniam tutaj rodzaju związku, jaki oni mieli. Nie jest to moją rolą. Jednak bycie w otwartym związku to jedna rzecz, a udawanie, że się w nim nie jest, i celowe oszukiwanie innych to zupełnie inna historia, czyż nie? Być może ta para, o której mówimy, nie omówiła w pełni tego, jak będzie funkcjonować w swoim otwartym związku. Być może nie omówili tego w ogóle. Ich „słoń" rósł wraz z upływem czasu. Tak właśnie robią słonie. I teraz może być zbyt późno, żeby go ujarzmić, gdyż już zaczął niszczyć to, co tam było.

Jeżeli chodzi o intymność i seks, nasze preferencje muszą być jasno określone i omówione.

Jeżeli chcesz mieć dobry związek, musisz być w stanie mówić o takich rzeczach. Nie możesz tego zostawić przypadkowi.

Nie możesz też tak po prostu mieć nadziei, że ta druga osoba będzie czytać Ci w myślach lub że jej poglądy zmienią się i staną się takie jak Twoje. Chociaż są pewne rzeczy, które nas cieszą i które jesteśmy w stanie zaakceptować, mogą istnieć też takie, które nie są z nami zgodne. Jeśli coś po prostu Ci nie pasuje, może nie być to dla Ciebie możliwe do zaakceptowania. (O intymności i seksie będziemy mówić jeszcze później w tej książce.)

Kolejną istotną rzeczą, jaką należy rozważyć przy rozpoczynaniu długofalowego związku, jest upewnienie się, że Wasze poglądy na duchowość/wyznanie (lub jego brak) są zgodne. A jeśli nie są zgodne, czy możecie poradzić sobie z tymi różnicami? Tak jak seks/intymność może nas doprowadzić do najgłębszych pokładów naszego jestestwa, tak i nasze poglądy w zakresie duchowości mogą sięgnąć do rdzenia naszej istoty. Oczywiście jeśli nie traktujemy ich poważnie, wtedy nie ma to znaczenia, jakie są. Jeśli jesteś osobą głęboko uduchowioną lub religijną lub jeśli jesteś zapalonym ateistą, a Twój partner ma zupełnie inne poglądy na ten temat - może Wam być trudno osiągnąć satysfakcjonujący kompromis. Wasze rozmowy mogą prowadzić do ożywionych sprzeczek lub kłótni. Musimy pamiętać, że często identyfikujemy się z naszymi wierzeniami. Jeśli ktoś ich nie szanuje, możemy czuć się urażeni, gdyż może nam się to wydawać atakiem na naszą osobę i to, kim jesteśmy.

Z różnicami można sobie poradzić.

Jednak każda ze stron musi być chętna do uszanowania poglądów tej drugiej strony.

Nie jest to łatwe i nie zawsze się udaje. Jeśli jesteś gotowy/-a podjąć ryzyko, musisz zająć się tą kwestią na wczesnym etapie, a następnie trzymać się tego, co ustalicie. W przeciwnym razie Wasz „słoń" zbierze swoje żniwo.

Przy okazji to samo dotyczy Waszych poglądów politycznych.

Wiele rodzin rozpada się z powodu takich różnic. Ponownie - tak jak w przypadku poglądów na temat duchowości - poglądy polityczne są mocno powiązane z tym, jak ludzie postrzegają samych siebie i świat, w którym żyją. Rozmowy na tematy polityczne mogą przerodzić się w poważne kłótnie. Mogą wydobyć z ludzi ogromne pokłady złości lub nawet nienawiści, gdyż pobudzają to, co tak naprawdę dotyka ich głęboko w środku. Uważaj na Wasze różnice w poglądach politycznych. Sprawdź, czy mogą one wpłynąć na to, jakie uczucia żywisz do tej drugiej osoby.

A co z Waszym pochodzeniem: jeśli wywodzicie się z różnych kultur lub ras - czy uważasz, że to zadziała na Waszą korzyść, czy doda uroku Waszemu związkowi? Bo tu także na dwoje babka wróżyła.

Wśród najczęściej spotykanych kwestii tego typu znajdują się też różnice w stylu życia, problemy z komunikacją, różne podejście do romantyzmu, punktualność a jej brak, porządek a bałagan, różnice w rozumieniu lojalności, różne rodzaje uzależnień, nierozwiązane podświadome lęki, negatywne podświadome zaprogramowania lub niezaleczone rany emocjonalne. (Omówimy niektóre z tych tematów bardziej szczegółowo w rozdziale 8 zatytułowanym „Co psuje związek: 7 duchów przeszłości i jak sobie z nimi radzić".)

Są to wszystko bardzo istotne kwestie, na które trzeba zwrócić uwagę.

Praktyczna zasada jest taka: jeżeli jest coś, co może stanąć na drodze Waszemu szczęśliwemu związkowi, nie unikajcie tej kwestii.

Musimy pamiętać, że Miłość nie jest ślepa. Jeśli to jest Twój własny bałagan - w Twoim najlepszym interesie jest go posprzątać, zanim pójdziesz dalej. Jeśli to bałagan tej drugiej osoby, upewnij się, że chce i jest w stanie sobie z tym poradzić wcześniej czy później.

Nie bój się kochać, ale dbaj także o swoje własne szczęście.

W trakcie swojego związku odkryjesz więcej na temat tego, kim naprawdę jesteś. Bycie w związku niewątpliwie pozwala nam odkryć na własny temat takie rzeczy, których - będąc sami - nie bylibyśmy w stanie się nauczyć.

Być może pomoże Ci to dowiedzieć się, o co tak naprawdę chodzi w życiu? Nauczyć się, co jest dla Ciebie najważniejsze, a co nie ma większego znaczenia? Co możesz odpuścić a z czego nie zrezygnujesz choćby nie wiem co?

Sekret 6

Żeby Było Romantycznie, To Jak Najlepiej:

SPONTANICZNIE, Z POMYSŁEM, CZY TROSKLIWIE I ROZWAŻNIE?

Jaki styl romantyzmu w związku może być trafiony w dziesiątkę i dlaczego.

Pewnie zauważyłeś/-aś, że w poprzednim rozdziale sporo mówiłam o konieczności dogadywania się, umawiania na coś, układaniu się i podejmowaniu decyzji. Być może zadałeś/-aś sobie pytanie, co „umawianie się na coś" może mieć wspólnego z Miłością lub romantyzmem? Mogłeś/-aś pomyśleć: „Czy Miłość, a zwłaszcza Miłość romantyczna, nie powinna być spontaniczna i zrodzona w żarze naszych serc, a nie analizowana przez nasze umysły?"

Jeśli uważamy, że romantyzm jest po prostu rzeczą spontaniczną, może to być właśnie przyczyną, dla której nasz poprzedni lub obecny związek okulał. Romantyzm w związku jest jedną z najważniejszych rzeczy i nigdy nie powinien być traktowany na zasadzie chwilowej zachcianki. Jeśli pozostawimy to naszemu nastrojowi i pomyślimy, że jak trzeba, to przyjdzie to do nas w każdej chwili, jak na zawołanie - możemy się grubo pomylić. Romantyzm nie pojawi się znikąd jak uroczy psiak i nie podbije serca naszej ukochanej osoby tylko dlatego, że mamy w pewnym momencie spontaniczny odruch bycia przytulaśnym.

Gdyby tak było, nie byłoby aż tak wielu osób narzekających na brak romantyzmu w swoich związkach lub niezadowolonych ze sposobu, w jaki romansują z nimi ich partnerzy.

Nie mielibyśmy też tylu powieści romantycznych, wierszy, piosenek, obrazów, które sprawiają, że wzdychamy z tęsknotą za tym, co być może mogłoby się wydarzyć w naszym życiu. Nie byłoby tych wszystkich romantycznych historii opowiadanych sobie nawzajem, oglądanych na YouTubie, udostępnianych na platformach społecznościowych. Historii, które często sprawiają, że płaczemy ze wzruszenia nad tym, jak pięknie ktoś poprosił kogoś o rękę, lub jak ktoś zaskoczył ukochaną osobę prezentem walentynkowym lub wyznaniem Miłości. Pamiętaj, że najlepsza romantyczna literatura, poezja, muzyka lub obrazy - tak jak i najlepsze romantyczne historie z życia, które nas wzruszają do łez - są dokładnie przemyślane i przygotowane. Nic nie jest w nich pozostawione przypadkowi, a wszystko jest - cóż, chciałam powiedzieć „idealne", ale zdecydowałam się powiedzieć: „dopięte na ostatni guzik". Chociaż, oczywiście, pewne sytuacje mogą być idealne dla tej osoby, dla której zostały zorganizowane - i faktycznie o to w tym wszystkim chodzi. Kiedy zależy nam na kimś i chcemy z tą osobą pięknie romansować, staramy się, aby to przeżycie było dla tej osoby po prostu perfekt. Chyba że nie rozumiemy, jak ważny jest romantyzm.

Romantyzm w pewnym sensie jest całkiem podobny do kochania się z kimś.

Tylko że w tworzeniu romantycznych chwil chodzi o uruchomienie wyobraźni - i mimo że wszystko dzieje się niby w Twoim umyśle, to jednak ciało reaguje w podobny sposób, jak zareagowałoby na bodźce seksualne: podniecenie, emocje, jeszcze więcej emocji, napięcie, rozluźnienie i satysfakcja. Tak. Nie tylko akt miłosny, ale także piękne romantyczne momenty sprawiają, że się fizycznie „rozpływamy".

Romantyzm jest jak dobra „przyprawa" w naszym związku, czyniąca go przyjemnym i ekscytującym. Dodatkowo jest on dobry dla naszego zdrowia. Przeprowadzono wiele badań dotyczących wpływu romantycznych przeżyć na nasz mózg i zdrowie. Wykazały one, że w obecności naszej ukochanej osoby, nasze ciała wydzielają hormony, takie jak oksytocyna i dopamina, które sygnalizują uczucie zaufania, przyjemności i nagrody. Naukowcy sugerują również, że interakcja z naszym romantycznym partnerem obniża wysokie ciśnienie krwi, uspokaja nasze serce i chroni nas przed stresem. Przytulajmy się zatem jak najwięcej, zdrowiejąc przy tym z przyjemnością.

Romantyzm to szampańska przyjemność podana w pucharze na srebrnej tacy.

Ale to także potężne narzędzie.

Możemy wygrać całą bitwę o czyjeś serce, kiedy zrobimy odpowiedni romantyczny krok.

Otóż to, dochodzimy teraz do innych istotnych kwestii: powiedziałam przed chwilą „odpowiedni romantyczny krok" nie bez kozery. Dokładnie tak. Podobnie jak w przypadku seksu, jeśli chodzi o romantyczne chwile także obowiązuje zasada „dla każdego coś innego". W przypadku prawdziwie mistrzowskiego romantyzmu - sprawy nie odbywają się spontaniczne na „łapu-capu". Wszystko jest dokładnie przemyślane, zanim może stać się spontaniczne.

„Uwielbiam sposób, w jaki mnie całujesz" lub „nie dotykaj mnie tak, nie lubię tego" - są to zdania często wypowiadane przez kochanków, którzy pragną dać znać ukochanej/ukochanemu, jaki jest ich poziom wrażliwości zmysłowej, jakie mają preferencje jeśli chodzi o kontakt cielesny. Niektórzy ludzie lubią się przytulać, podczas gdy inni nie lubią przytulania. Jeśli tylko nam na tym zależy, szybko orientujemy się „co i jak", jeśli chodzi o naszą ukochaną osobę. Albo nasz kochanek/nasza kochanka powie nam, co lubi a czego nie lubi, albo dowiemy się tego, obserwując, jak reaguje na nasze poczynania. Chyba że nie dbamy w ogóle o takie rzeczy, z jakiegokolwiek powodu. W innym przypadku chcemy jednak wiedzieć, jak nasza ukochana osoba czuje się w naszych ramionach.

Ale czy zwracamy także dostateczną uwagę na subtelniejsze aspekty naszych interakcji - takie, które mogą sprawić, że nasz związek będzie naprawdę romantyczny i ekscytujący? Czy wiemy, jakie miłosne słowa przemawiają do naszego ukochanego/naszej ukochanej? Jak spojrzeć jej/mu w oczy, tak, żeby poczuł/-a się z tym dobrze a nie niezręcznie? Jakie kolory, zapachy, oprawa wizualna lub dźwiękowa najlepiej by jej/mu pasowały?

Czy zastanawiamy się nad tym, czy po prostu dążymy do tego, co jest atrakcyjne lub przyjemne w naszej własnej opinii? A może zadowalamy się wytartymi stereotypami, które krążą jako standardy od wielu lat i zakładamy, że powielając je nie popełnimy żadnej pomyłki? Na Walentynki - czekoladki i czerwone róże. Na pierwszą rocznicę ślubu - kwiaty i ładny pierścionek. I tak dalej. Tak, może istotnie powielając te stereotypy nie popełnimy żadnego błędu. Ale czy naprawdę możemy być pewni, że są one wyrazem prawdziwego romantyzmu? Owszem, nie potrzeba być geniuszem, żeby na coś takiego wpaść i choć takie gesty robione są bez zbytniego wysiłku - potencjalnie mogą spełnić swoje zadanie. Ale czy spełniają je naprawdę w najlepszy możliwy sposób?

Bo jeśli coś nie jest niesamowite, nie będzie ani zachwycające, ani warte zapamiętania na długo. To tak jak z zupą z torebki: można nią nasyć głód. I tyle. Nic więcej.

Nie ma zbyt wiele dostępnej edukacji na temat Miłości. Owszem, istnieją poradniki książkowe na temat podrywania, seksu lub randek, oraz w stylu: „jak się zachować i co robić" - co kompletnie ani się nie sprawdza, ani nie jest odpowiednie lub łatwe do przeprowadzenia w większości związków. Można też znaleźć jakieś narzędzia i testy, które mają wykazać czy dwie osoby będą do siebie pasować czy nie. Można odszukać także statystyki, które wykazują, jaki jest procent rozwodów oraz jakie są ich główne przyczyny. Czy jest jednak wystarczająco dużo informacji na temat tego, jak otworzyć się na Miłość, jak dzielić się energią Miłości w związku i jak świętować prawdziwą Miłość? Hm. Być może, jeśli chodzi o pewne duchowe wierzenia, można odnaleźć tu i tam jakieś wskazówki dotyczące Uniwersalnej Miłości (lub tzw. Miłości Duchowej). Jednak jeśli chodzi o Miłość w związkach - o ile nie wypracowaliśmy sobie swojego własnego złotego środka, trudno znaleźć naprawdę odpowiednie wzorce.

Możliwe, że to wszystko wywodzi się z historii małżeństwa w zachodniej cywilizacji. Już w starożytnej Grecji związek prawny między dwojgiem ludzi był uważany za fundamentalną instytucję społeczną. Podczas gdy mężczyźni musieli być żonaci, jeśli chcieli być brani pod uwagę w typowaniu kandydatów na ważne urzędy, kobiety były traktowane jako im podległe i pozostawały zamknięte w domach. Ich zadaniem było rodzenie dzieci swojemu mężowi i opiekowanie się jego domem - i to była ich podstawowa funkcja. Małżeństwo traktowano jako kwestię praktyczną, a mężczyźni często udawali się do prostytutek i utrzymywali konkubiny, aby zaspokajać swoje erotyczne lub romantyczne potrzeby. Słynny mówca Demostenes oświadczył: „Mamy prostytutki dla naszej przyjemności, konkubiny dla naszego zdrowia i żony, aby rodziły nam legalne potomstwo".

Przez większość średniowiecza niewiele się zmieniło, a dla większości ludzi małżeństwo pozostawało sprawą praktyczną i ekonomiczną, niedającą praktycznie żadnej przestrzeni na Miłość

Romantyczną. Co więcej podczas gdy status prawny kobiet nieznacznie poprawił się w tamtych czasach w niektórych krajach, w innych nadal pozostał niski.

Kultura zachodnia nie stworzyła zbyt wielu tradycji ani wyszukanej wiedzy na temat prawdziwej Miłości i romantyzmu. Owszem, zaistnieli w niej znani trubadurzy ze swoimi popularnymi w średniowieczu romantycznymi, lirycznymi pieśniami. Jednak trubadurzy byli po prostu kompozytorami i wykonawcami. Ich poezja zajmowała się głównie tematyką rycerskości i tzw. „dworskiej miłości", będąc fikcją literacką nastawioną na rozrywkę ich sponsorów. Większość tekstów trubadurskich - choć pięknych i czarujących, była intelektualna i metafizyczna, formalna a nie intymna (wiele z nich było także humorystycznymi lub czasami wręcz wulgarnymi satyrami).

Dlaczego więc mówię o romantyzmie w tej książce, skoro Miłość jest energią, którą dzielimy się między ze sobą, a przecież romantyzm zwykle kojarzy się z zauroczeniem i flirtowaniem?

A tu jednak niespodzianka! Prawdziwy romantyzm jest rozważny i ściśle związany z jednym z aspektów Uniwersalnej Miłości. Dzielenie się energią Miłości polega na doświadczaniu wszystkich jej aspektów.

Jak sobie przypominasz, rozmawialiśmy wcześniej o Radości. A z radości wyłania się wspomniana krótko wcześniej Przychylność/Akceptacja, która jest drugim aspektem Uniwersalnej Miłości. Przychylność ma głęboki wpływ na to, jak chcemy dbać o naszego partnera, i dlatego zachęca nas do zaproszenia romantyzmu do naszego życia. Pozwól mi wyjaśnić, jak to działa.

Kiedy w pełni akceptujesz i podziwiasz swoją ukochaną osobę na głębokim poziomie, pragniesz, aby Twój zachwyt przemówił do jego/jej prawdziwej istoty wewnętrznej. Wkładasz w to sporo wysiłku, ponieważ starasz się wyrazić podziw dla wewnętrznego piękna ukochanej osoby. Przyglądasz się uważnie temu, co jest dla niej ważne, aby pokazać, że akceptujesz jej wyjątkowość, że szanujesz i doceniasz ją taką, jaką jest. Wielu z nas nigdy nie myślało o romantyzmie w taki sposób. Mamy tendencję do wybierania tego, co jest „bezpieczne" i sprawdzone (czekoladki, czerwone róże i tym podobne), a może dodatkowo szukamy inspiracji w filmach lub powieściach romantycznych. Chociaż nie ma nic złego w poszukiwaniu inspiracji - wręcz przeciwnie, inspiracja jest ważna i pomocna, jeśli nie jesteśmy typem kreatywnym - ale powielanie stereotypów bez uwzględnienia preferencji naszych partnerów nie jest najlepszym, co możemy zrobić. A jeśli coś nie jest wystarczająco przemyślane i nie włożyło się w to zbyt wiele trudu, oznacza to, że nie jest to wystarczająco dobre w kontekście prawdziwej Miłości.

Kiedy jesteśmy gotowi, aby Przychylność/Akceptacja była nam przewodnikiem w naszych wysiłkach docenienia naszej ukochanej/naszego ukochanego i dbania o nią/niego, możemy chcieć przemyśleć i zmienić sposób, w jaki chcemy z nią romansować. Możemy zacząć zwracać baczniejszą uwagę na to, jak ta osoba reaguje na różne rzeczy w życiu, co jest dla niej piękne lub interesujące - co pobudza jej wyobraźnię. Może sprawić nam prawdziwą przyjemność odkrywanie czegoś nowego o niej, by potem zaskoczyć ją małymi gestami, które sprawią, że poczuje się naprawdę wyjątkowo. Kiedy już wiemy, co może przynieść radość naszemu ukochanemu/naszej ukochanej, możemy wtedy poszukać inspiracji, aby jak najlepiej skorzystać z tej wiedzy. Bycie romantycznym staje się wtedy dla nas nie tylko łatwe, ale i naprawdę przyjemne.

Romantyzm JEST i powinien być zabawą.

W przeciwnym razie - Radość umknie z naszego związku, a bez Radości - Miłość nie jest w pełni Miłością.

Chętnie podzielę się z Tobą kilkoma sekretami mojego wspaniałego romantycznego związku z moim mężem. Romantyzm znajduje się u góry naszej listy najważniejszych rzeczy dla naszego związku. Być może to, co znakomicie działa w naszym przypadku, podobnie zadziała również dla Ciebie, albo - zainspiruje Cię do stworzenia własnego stylu romantyzmu, w oparciu o Twoje własne preferencje. Oczywiście, nie zdradzę tutaj wszystkich naszych małych sekretów. Są takie, które chcielibyśmy zatrzymać dla siebie. Każdy związek jest wyjątkowy, a jego tajemnice powinny być uszanowane. To, co możesz stworzyć ze swoim własnym partnerem/partnerką będzie Waszą własną „romantyczną ucztą". Tylko wy dwoje możecie poznawać się nawzajem w głębinach, gdzie mieszka wasza Miłość. Dlatego najlepiej jest tworzyć swoje własne romantyczne sekrety, którymi razem możecie się delektować.

Zanim przejdę dalej, chciałabym, abyś zdał/-a sobie sprawę z jednej bardzo ważnej rzeczy: związek nie jest sklepem spożywczym. To nie jest miejsce, do którego możemy się udać o każdej porze dnia - i po prostu zdjąć z półki to, czego szukamy. Jeśli więc weszliśmy z kimś w związek z jakichś innych powodów niż prawdziwa Miłość - możemy nie znaleźć w nim takiego romantyzmu, za jakim teraz tęsknimy, ani odpowiedniej dozy szacunku, troski, wzajemnego zrozumienia, wsparcia, spełnienia, adoracji itd. Dlaczego o tym mówię? Podczas gdy wydaję nowe książki i nagrania MP3 oraz regularnie piszę na moim blogu, otrzymuję wiele maili od moich czytelników i słuchaczy, a liczba pytań związanych z ich rozczarowaniem swoimi związkami jest oszałamiająca. Wiele osób narzeka na brak wsparcia ze strony partnera i jego niezdolność lub niechęć do bycia romantycznym. Opisują często swoich partnerów/małżonków jako zimnych, obcesowych, obojętnych lub „niezainteresowanych" romantyzmem. A kiedy pytam o więcej szczegółów, próbując ustalić, jak to wszystko się zaczęło - często dowiaduję się, że ich związek nigdy nie był wypełniony miłością od samego początku. Mówiliśmy już o wchodzeniu z kimś w związek z niewłaściwych powodów, jak na przykład lęk przed samotnością, oczekiwania/presja ze strony rodziny lub społeczeństwa, szukanie poczucia bezpieczeństwa itd. Jeśli dodamy do tego powszechny brak wiedzy o tym, czym naprawdę jest Miłość - wtedy staje się oczywiste, dlaczego tak wiele osób pozostających w związkach/małżeństwach doznaje rozczarowania lub wręcz frustracji.

Jeśli ktoś chciał poprzez swoje małżeństwo mieć jakieś życiowe zabezpieczenie lub poprawić swój status/wizerunek społeczny i wybrał/-a osobę, która mogła to jakoś im zapewnić - dlaczego teraz czuje się zawiedziony/-a? Przecież ta druga osoba zapewniła im to, czego chcieli i dotrzymała umowy. A więc co się potem stało? Dlaczego to, co było wystarczająco dobre wcześniej, teraz już takim nie jest? Czy widzimy w czym jest problem? To nie ta druga osoba jest tutaj czemuś winna. Chodzi o to, że często szukamy czegoś tam, gdzie tego nie ma.

Kiedy nasz związek opiera się na czymkolwiek innym niż prawdziwa Miłość - nie pozwalamy sobie doświadczać i dzielić się Miłością. Nasz związek nie będzie kochający, szczęśliwy i romantyczny. Być może zaspokoi niektóre z naszych potrzeb, które uważamy za najważniejsze dla nas. Ale na innych poziomach będziemy nim rozczarowani. Nie da się zrobić dobrego, smacznego wina z octu. Chociaż zrobić ocet z dobrego wina jest zupełnie łatwo. To zawsze jest możliwe.

I tutaj dochodzimy do innej bardzo często spotykanej sytuacji: na początku związku/małżeństwa lub jeszcze przez jakiś czas potem było romantycznie - ale potem romantyzm gdzieś się ulotnił. Zatracił się pośród nawału pracy i stresu codziennego życia. Związek stał się suchy, rzeczowy, wypełniony obowiązkami. Niewiele jest w nim Radości. I co teraz? Jak przywrócić to, co zostało utracone, jak ponownie rozpalić ogień namiętności, by znowu cieszyć się byciem we dwoje?

Jeśli to, co mieliście ze sobą na początku było zauroczeniem a nie prawdziwą Miłością - obawiam się, że może nie być w Waszym związku wystarczająco solidnej podstawy, na której można byłoby coś odbudować. Być może jesteście nadal razem, ponieważ przyzwyczailiście się do siebie nawzajem, a może wychowujecie dzieci, które wciąż Was potrzebują, lub - jesteście razem z innych powodów. W takim przypadku - musicie podjąć pewne decyzje dotyczące swojego życia. Niezależnie od tego co postanowicie, upewnijcie się, że będzie to korzystne dla Waszego dobrego samopoczucia, Waszego szczęścia, a nie tylko uśmierzy Wasze obawy. Rozwód nie zawsze jest najlepszym wyjściem i ludzie podejmują różne decyzje w życiu. Znam pary, które pozostają razem pomimo braku Miłości, ale są w stanie znaleźć rozwiązanie, które odpowiada każdemu z nich. Może na przykład być tak, że wystarcza im niezbyt satysfakcjonujący związek i próbują znaleźć wewnętrzne szczęście realizując jakieś swoje własne cele i porzucając marzenia o prawdziwej Miłości. Żyjąc takim życiem, jakie mają, nie oczekują zbyt wiele od siebie samych ani od siebie nawzajem, wierząc, że mają wszystko, co jest dla nich w tej sytuacji możliwe. Naprawdę nie mogę tego komentować - oprócz tego, żeby przypomnieć Ci, że nasze życie to nasza własna podróż. Udajemy się w nią każdy po swojemu, więc to od nas zależy, co wybieramy dla siebie. I oczywiście w opisanej sytuacji nie można mówić o ponownym rozpalaniu ognia w takim związku. Kiedy związek oparty jest na zauroczeniu, a nie na prawdziwej Miłości - gdy zauroczenie przemija, znika wraz z nim romantyzm.

Jednakże, jeśli naprawdę kochacie się nawzajem, jeśli zaczęliście swój związek w oparciu o prawdziwą Miłość, ale w jakiś sposób została ona zepchnięta na dalszy plan z powodu kłopotów i obowiązków i nie wiecie już teraz jak pielęgnować swoją Miłość - wtedy nic jeszcze nie jest stracone. Można będzie znaleźć sposób na naprawienie tego, co się popsuło, na poprawę tej sytuacji, rozpalenie na nowo romantycznej pasji i cieszenie się sobą nawzajem tak, jak na to zasługujecie. Prawdziwa Miłość może przywrócić Radość. I jeśli tego chcecie - jesteście w stanie to zrobić. Jednak nie czekajcie z tym do jutra. Jutro może nigdy nie nadejść.

Niezależnie od tego, czy inicjujemy, czy ponownie rozpalamy ogień romantyzmu w naszym związku, dobrze jest pamiętać, że nie ma znaczenia, kto zrobi pierwszy krok.

Jeśli chodzi o prawdziwą Miłość w związku, zaangażowane osoby dzielą się wszystkim tym, co posiadają w równym stopniu. Ta zasada obejmuje także wspólną odpowiedzialność za pielęgnowanie Miłości. Nie czekajmy, aż ta druga osoba pierwsza zacznie z nami romansować. Zarówno bycie obiektem romantycznych gestów jak i obdarowywanie nimi naszego partnera - w związku pełnym Miłości sprawia nam taką samą przyjemność.

Jednym z sekretów naszego własnego związku jest to, że Patrick i ja dostrzegamy wyraźną różnicę pomiędzy tym, co to znaczy być dobrym przyjacielem, towarzyszem lub kolegą - a partnerem życiowym. W każdym długotrwałym związku role te mogą czasami zostać nieświadomie pozamieniane. Nasz małżonek może stać się bardziej naszym przyjacielem, z którym dzielimy się obowiązkami i opiekujemy się wspólnie domem i/lub dziećmi, niż naszym romantycznym partnerem. Wynika to naturalnie z zażyłości, jaka powstaje po pewnym czasie. Partnerzy pozostający długo w związku znają się dobrze, dzielą ze sobą ogrom doświadczeń, udają się do siebie nawzajem po radę - więc bardzo łatwo jest przestawić się z bycia kochankami na bycie dobrymi przyjaciółmi. Pomimo tego, że łatwo jest te dwie role połączyć - to znaczy, możemy być zarówno kochankami, jak i przyjaciółmi - wiele długoletnich par staje się jedynie przyjaciółmi.

Nie zapominajmy patrzeć na naszych partnerów tak, jakbyśmy się na nowo w nich zakochiwali. Znajdźmy sposoby, aby docenić piękno swojej ukochanej osoby, a nie tylko jej dobroć. Zauważmy, jak ładnie lśnią i pachną jej/mu włosy, jak ślicznie błyszczą oczy, kiedy się uśmiecha. Jak przyjemny jest jej/jego głos, kiedy szepce lub coś sobie nuci. Nie zapominajmy o tym, aby każdego dnia odkrywać na nowo ich wewnętrzne piękno: zwracajmy uwagę na ich życzliwość, siłę, chęć poznawania świata - wszystko to, co zauważyliśmy wtedy, kiedy się w nich zakochaliśmy, wciąż tam jest. Ale jednocześnie jest to już teraz trochę inne. Dlatego, że nasza ukochana osoba zmienia się i rozwija wraz z ewolucją naszego związku. Jeśli będziemy na bieżąco zauważać te subtelne (lub duże) zmiany - będziemy mieć tysiąc powodów, aby zawsze pozostać w zachwycie.

Bycie świadomym i zwracanie uwagi na to, co dzieje się na

bieżąco, jest kluczem do utrzymania romantyzmu w związku.

Przyjmowanie rzeczy za pewnik i działanie na automatycznym pilocie - to najlepszy sposób na utratę „iskrzenia" pomiędzy dwojgiem ludzi.

Kolejnym z naszych najcenniejszych i radosnych romantycznych sekretów jest to, że Patrick pyta mnie każdego dnia (tak, każdego dnia), czy wyjdę za niego za mąż. Nie, oczywiście nie są to formalne oświadczyny z bukietem kwiatów w ręku, klękaniem przede mną w swoim najlepszym garniturze itp. Tak się to odbyło wtedy, kiedy poprosił mnie o rękę po raz pierwszy. Natomiast teraz kiedy codziennie zadaje mi to samo pytanie, patrząc mi przy tym głęboko w oczy - pragnie się dowiedzieć, czy nadal dałabym mu tę samą odpowiedź, co poprzednio. Patrick zadaje mi to pytanie każdego dnia odkąd zostaliśmy małżeństwem. Mój mąż chce wiedzieć na bieżąco, czy naprawdę nadal chcę z nim być. Nie bierze tego za pewnik, tylko dlatego, że się pobraliśmy. Czasami udaje mi się ubiec go w tym pytaniu - a moją nagrodą staje się widok jego kochanych oczu, w których widać błysk szczęścia.

Nasz mały rytuał miłosny służy również innemu celowi: przywołuje w pełni pamięć tamtego dnia, kiedy przede mną uklęknął. A przecież nigdy nie znudzi nam się takie wspomnienie - musimy to przyznać - jeśli kiedykolwiek poproszono nas o rękę, albo to my o nią kogoś prosiliśmy. Możemy znów poczuć piękno tej chwili, nasze szczęście, radość z tego, że jesteśmy tak wyjątkowi dla tej osoby, uwielbiani, pożądani i podziwiani. O tak. Mój sprytny mąż wymyślił coś, co naprawdę działa na nas jak magia. Przemyślany, piękny i właściwy gest. I chociaż pozornie drobny, powtarzany każdego dnia nie pozwala nam zapomnieć o naszym romantyzmie.

Kolejną rzeczą, o której Patrick pomyślał jest to, że od czasu do czasu piszemy do sobie nawzajem małe karteczki zawierające tylko jedno krótkie zdanie, takie jak „Kocham cię" lub „Jesteś moją ulubioną osobą" itp. Następnie ukrywamy je w najmniej spodziewanych miejscach. Mogę więc na przykład wyciągnąć z szafy swoją kurtkę zimową i znaleźć taką karteczkę w jej kieszeni. Albo jeden z tych miłosnych liścików może czekać na mnie gdy sięgam po swoją ulubioną filiżankę. Kiedy indziej Patrick znajdzie coś takiego w swoim bucie lub pod myszką komputerową. Możliwości są nieskończone. I wiesz co? Nie chodzi tak naprawdę o to, jak długi jest taki liścik miłosny. Nawet jeśli zawierać będzie tylko dwa słowa i tak spełni swoje zadanie. Jego celem jest, żebyśmy wiedzieli, że jesteśmy kochani. A teraz mamy na to dowód na papierze - napisany i dostarczony. Mój mąż i ja wypełniliśmy już ogromny wazon naszymi liścikami miłosnymi i możemy je sobie teraz czytać w dowolnym momencie. One chyba nigdy nie wyjdą z mody. W papierze i tuszu jest coś tak romantycznego, że trudno się temu oprzeć. Listy i romantyzm po prostu tworzą dobraną parę.

Niespodzianki sprawiają, że jest ciekawie i romantycznie.

Zaskakujmy naszych ukochanych w taki sposób, jakbyśmy mówili: „Dbam o Ciebie i staram się, aby to było widoczne. Chcę, żeby było wiadomo, że mi na Tobie bardzo zależy". Prawda, że wszyscy kochamy niespodzianki?

Ostatnią rzeczą, którą podzielę się teraz z Tobą (tak, chcielibyśmy zachować inne tajemnice naszego romantyzmu dla siebie) - jest to, że żadne z nas nigdy nie opuści naszego domu bez małego „rytuału pożegnania". Kiedy jedno z nas wychodzi z domu na kilka godzin lub dłużej, bez względu na to, czy jest to praca, spotkanie na mieście, czy coś innego - rozstajemy się ze sobą w specyficzny sposób. Nasze pożegnanie wymaga pocałunku i mówienia sobie takich rzeczy, aby nasz partner wiedział, że życzymy mu miłego dnia i pomyślimy o nim, kiedy nie jesteśmy razem. Ten sposób pożegnania bardzo nam odpowiada i sprawia nam prawdziwą przyjemność.

Bez względu na to, co robimy - rzucamy wszystko, aby się ze sobą pożegnać. Podchodzimy do osoby przy drzwiach, aby poświęcić jej całą uwagę podczas naszego pożegnania.

Jeśli nasz związek nie jest naszym priorytetem,

to tak naprawdę nie jesteśmy w pełni zaangażowani w ten związek.

Dokładnie tak. Aby podtrzymywać romantyzm w związku, warto wprowadzić małe, ale przemyślane gesty do naszego codziennego życia. Świętowanie rocznic, urodzin i wakacji w romantycznych miejscach nie wystarczy, jeśli w inne dni brakuje romantyzmu. Proszę - nie mów mi, że nie masz czasu na romantyczne gesty lub że jesteś zbyt zmęczony/-a, by o nich myśleć. Prawdziwa Miłość jest zawsze uważna. Taki też powinien być nasz romantyzm. Zaprojektuj go najpierw - a następnie niech to działa spontanicznie. Znajdź swój własny sposób na to, jak być romantycznym. Taki, który najbardziej pasuje do Waszych wspólnych preferencji oraz stylu życia. Cieszcie się sobą w dowolny sposób. Ale nigdy nie zapominajcie o tym, by być świadomym tego, co najbardziej odpowiada wam obojgu.

Teraz, gdy wiemy, na czym polega praktykowanie romantyzmu na co dzień, czas zrobić następny (lub pierwszy) krok. Nie czekajmy, aż on/ona go uczyni. Miłość nie polega na konkurowaniu ze sobą, ani udowadnianiu sobie czegokolwiek. Miłość opiera się na zaufaniu i dzieleniu się ze sobą wszystkim tym, co mamy w sercu.

Pozwól, aby Wasza Miłość pokazała Wam, jak być romantycznym.

Sekret 7

Zaangażowanie Się Na Poważnie Ale Bez Nacisku:

Czy Zobowiązanie Ma Się Skończyć Rozejmem Czy Złamaniem „Traktatu"?

Kiedy łatwo powiedzieć „tak",
a kiedy to słowo waży tonę.

Niektórzy ludzie pragną pozytywnej motywacji, gdy wchodzą w związek i uwielbiają słowa „na zawsze", podczas gdy inni nie czują się dobrze z ideą obiecywania/przysięgania, że będą wiecznie związani. Czują się takimi obietnicami przytłoczeni. Jak zadowolić obie strony i pozwolić im żyć w zgodzie?

Co by było, gdyby istniało na to rozwiązanie, i to takie, które nie ma żadnego związku z leczeniem tzw. „lęku przed zobowiązaniami"?

Kiedy wchodzimy z kimś w związek, stajemy się równymi partnerami. Wszystko, co nas dotyczy musi być honorowane i szanowane przez obu partnerów. Nic nie powinno być lekceważone, pomniejszane lub wyśmiewane. Ani to jak czujemy się na temat różnych rzeczy, ani to, w jaki sposób chcemy odnosić się do naszego związku. Naturalnie, że każdy z nas może mieć inne oczekiwania co do tego, w jaki sposób ma przebiegać nasza relacja - ale to powinno zostać uzgodnione na początku: w sposób pełen szacunku i zrozumienia. Często jednak, gdy ktoś wyraża swoje obawy dotyczące zobowiązania - traktuje się takie osoby, jakby coś z nimi było nie tak. Często są oni „diagnozowani" przez rodzinę i przyjaciół jako ktoś, kto ma lęk przed zobowiązaniami/związkiem i otrzymują od nich jednoznaczną radę: „musisz to w sobie przezwyciężyć". Dzieję się tak z powodu, w jaki postrzegamy życiowe sytuacje poprzez pryzmat naszej kulturowej tradycji. Nie zastanawiając się nad tym zbytnio, często myślimy i działamy pod wpływem wdrożonych nam standardów społecznych. Nasiąknęliśmy tym, co nam wpojono i przyjęliśmy pewne zasady jako naszą własną życiową mądrość, którą automatycznie się kierujemy. Zakładamy, że jeśli przestrzegamy tych zasad, robimy to, co słuszne. A jeśli ich nie przestrzegamy - uważa się, że pewnie mamy jakieś „problemy".

Dużo mówi się o lęku przed zobowiązaniami/związkiem i często oferuje się jakieś strategie. Czasami takie rozwiązania mogą być pomocne dla niektórych osób, a czasami nie. W rzeczywistości wszystkie te zabiegi są po prostu narzędziami do monitorowania i kontrolowania swoich reakcji powstałych wskutek przeszłych bolesnych doświadczeń, które sprawiły, że dana osoba stała się bardziej wrażliwa na wszelkiego typu rozczarowania i obawia się ponownego zranienia. Takie narzędzia mogą pomóc tej osobie analizować swoje podświadome lęki, dowiedzieć się, co ją ogranicza i kontrolować swoje zachowania - ale tak naprawdę nie „wyleczą" one nikogo z obaw przed zobowiązaniami. Dlaczego? Ponieważ jeśli chodzi o czyjeś podejście do określonego zobowiązania (lub generalnie do zobowiązań) - nie ma niczego, co wymaga jakiegokolwiek uzdrowienia.

Istnieje wiele różnych powodów, dla których ktoś unika zobowiązań, nie chce się pobrać, być z kimś związanym na mocy prawa lub długoterminowo. Dlatego więc nie wrzucajmy tego wszystkiego do jednego garnka. Możemy przypuszczać, że panujące w naszym społeczeństwie zasady określają, co jest normalne dla człowieka, a co nie. I że jak coś nie jest zgodne z ustaloną normą - musi być błędne. Podczas gdy w rzeczywistości wszyscy jesteśmy inni, a to, w jaki sposób chcemy być z kimś, lub nie, zależy od tego, w jaki sposób odnosimy się do życia, innych ludzi i siebie samych. I tak by to pewnie wyglądało na szerszą skalę - panowałaby większa różnorodność związków, gdybyśmy wszyscy nie poddawali się presji przestrzegania panujących zasad i dwoje ludzi mogłoby swobodniej decydować o tym, w jaki sposób pragną być ze sobą.

Wróćmy na chwilę do przeszłości i przyjrzyjmy się, skąd to wszystko pochodzi. Mówiliśmy już trochę o historii małżeństwa w poprzednim rozdziale. Możemy więc pamiętać, że jednym z powodów ustanowienia małżeństwa jako instytucji społecznej było zapewnienie, że czyjaś spuścizna, własność, posiadłości pozostaną w rękach prawowitych potomków - chyba że w testamencie danej osoby określono inaczej. Małżeństwo jest podstawową instytucją prawną, która podlega pewnym regułom, podatkom i przepisom. Jako taka jest podporządkowana rządowi (lub instytucji kościelnej/religijnej) i wymaga uzyskania odpowiedniej licencji - aktu małżeństwa. Pary będące legalnie małżeństwem mają zapewnioną ochronę w różnym zakresie - w zależności od praw przyjętych w danym kraju np. w zakresie ulg podatkowych, praw imigracyjnych, świadczeń medycznych, ubezpieczenia na życie lub świadczeń socjalnych itp. Podobnie jak w przypadku małżeństwa, małżeństwa nieformalne - zwane również konkubinatem - są w niektórych jurysdykcjach traktowane do pewnych celów jak formalne związki, jednak nie są chronione tak samo jak zalegalizowane związki cywilne lub religijne. Małżeństwa i konkubinaty są traktowane odmiennie przez prawo m.in. w odniesieniu do majątku, wspólnego mieszkania, alimentów, dziedziczenia. Przepisy prawa różnią się w zależności od kraju, a w niektórych krajach są nawet odmienne w poszczególnych regionach, stanach, hrabstwach lub prowincjach.

Jak widać, jest wiele do rozważenia nie tylko w odniesieniu do naszych własnych odczuć i preferencji, ale także w odniesieniu do konkretnych praw i tego, jak wpłyną one na nas, gdy zdecydujemy się zawiązać węzeł.

Istnieje różnica między deklaracją prawną związku a deklaracją Miłości. Chociaż niektórzy z nas mogą nalegać na ślub jako dowód prawdziwej Miłości - to oczywiście nie jest on gwarancją na trwałość związku, ani na to, że będziemy się w nim cieszyć prawdziwą Miłością na wieki wieków.

Jest to również kwestia preferencji. Niektórzy ludzie lubią mieć ceremonię, która będzie początkiem ich wspólnego życia, a niektórzy w ogóle ślubu nie potrzebują. Dla jednych dzielenie tak ważnej dla nich chwili z rodziną i przyjaciółmi jest bardzo istotne, dla innych może to mieć wydźwięk inwazji na ich prywatność, gdyż nie lubią okazywać publicznie swoich intymnych uczuć. Dla pewnych ludzi usłyszenie słówka „tak" podczas ceremonii zaślubin jest bardzo ważne i sprawia, że są pełni radości i wzruszają się do łez - podczas gdy inni nie wierzą w żadne tego typu deklaracje.

Ludzie generalnie nie mają problemów z tym, żeby się do czegoś zobowiązać.

Natomiast mają swoje <u>preferencje</u> dotyczące zobowiązań i dokonują wyborów z nimi związanych.

„Zobowiązuję się kochać Cię i rozwijać się razem z Tobą", to jedyne zobowiązanie, które jest prawdziwe. Wszystko inne jest abstrakcyjne i nierealne. „Na zawsze razem" brzmi pięknie. Ale „na zawsze razem" może się nigdy nie spełnić. Świat może jutro się skończyć. Albo Ty możesz przestać istnieć już jutro. Nie ma gwarancji, że obudzimy się znowu. Po prostu nie ma. I wcale to nie jest jakiś dramat. Takie jest życie.

Kiedy patrzymy na życie i miłość z perspektywy Nauk Nadziei (tak jak mój mąż i ja) - tak naprawdę nie dostrzegamy, żeby coś z kimkolwiek było nie tak. Zdajemy sobie sprawę z tego, że wszyscy mamy tak zwane podświadome Cienie. Są to negatywne wdrukowane programy, które rządzą nami z naszej podświadomości, sprawiając, że funkcjonujemy na automatycznym pilocie. Są one „duchami naszej przeszłości", które rozrosły się z powodu bolesnych, tragicznych bądź obezwładniających przeżyć i oczywiście, musimy sobie z nimi poradzić, jeśli chcemy uwolnić się od naszych ograniczeń i dokonywać świadomych wyborów w naszym życiu. Jednak jednocześnie są one nieodłączne dla ludzkiej natury, która jest wrażliwa i wchłania wszystko jak gąbka. Tak więc - nie, nie ma nic złego w żadnym z nas. Jesteśmy po prostu ludźmi. Jesteśmy piękni i złożeni. Wszyscy borykamy się z Cieniami, swoimi własnymi i tymi zbiorowymi, globalnymi - ale ich obecność nie oznacza, że jesteśmy źli. Jesteśmy po prostu zranieni. (W następnym rozdziale omówimy bardziej szczegółowo najczęściej występujące negatywne podświadome programy/obawy, które mogą zaszkodzić związkowi. Tak, są sposoby radzenia sobie z nimi, kiedy zrozumiemy je lepiej.)

Jak więc prawdziwie możemy się zobowiązać, że będziemy kogoś kochali?

To, co dla mnie i Patricka działa, polega na tym, że każdy dzień traktujemy jak nowy rozdział w naszym wspólnym życiu.

Zajmujemy się tym, co dzieje się na bieżąco, nie zamartwiając się tym, co będzie lub nie.

Pomimo, że jesteśmy po ślubie - czyli zalegalizowaliśmy nasz związek, ponieważ takie były nasze preferencje - żadne z nas nie traktuje naszego związku jako czegoś oczywistego ani nie postrzega naszego związku prawnego jako gwarancji naszej „zacementowanej przyszłości". Wiesz już o pytaniu, które Patrick zadaje mi każdego dnia. Patrick uwielbia ceremonię zaślubin i pragnie, abyśmy w ten sposób świętowali naszą Miłość we wszystkich odwiedzanych przez nas krajach, bez względu na to, czy będzie to legalna uroczystość (gdzie jest to możliwe), czy też zupełnie prywatna z udziałem przyjaciół lub rodziny. Obojgu podoba nam się ten pomysł i wszystkie wrażenia, uczucia i uroczystości z tym związane. Ale to my. Czujemy się z tym dobrze i nas ta sprawa dotyczy. Nikogo innego. Jest to jeden z sekretów naszej Miłości i tego, jak chcemy świętować nasz związek.

Każdy rodzaj związku między dwojgiem ludzi powinien być ich własnym wyborem.

Kiedy zostaje ustalone to, co pasuje obu osobom w związku, można zachować w nim radość z bycia razem bez potrzeby czucia się przytłoczonym jakimś niepotrzebnym ciężarem.

Jeśli jednak chodzi o przestrzeganie pewnych zasad, niezależnie od tego, jakie one są - może to być dla niektórych ciężkim zadaniem. I wtedy trzy-literowe słowo „tak" może ważyć tonę.

Wymuszone „tak" nie deklaruje Miłości.

Wymuszone „tak" jest jak uzbrojony po zęby rozjemca, który

może łatwo przekształcić się w buntownika uniemożliwiającego jakiekolwiek porozumienie, gdy zostanie przyparty do muru.

Kiedy kogoś kochamy, rozumiemy, jak ważne jest, aby ta osoba mogła pozostać wierna sobie. Nie próbujemy narzucać jej/mu naszych poglądów ani zmuszać do „występów na scenie" przed naszą rodziną i przyjaciółmi, abyśmy my mogli dobrze wyglądać w oczach innych. To, że chcemy się pobrać, nie oznacza, że ta druga osoba czuje się tak samo. Kiedy odrzucimy wdrukowane nam stereotypy i przekonania na temat tego, jaki powinien być związek pomiędzy dwojgiem ludzi, możemy wreszcie mieć szansę, aby prawdziwie doświadczyć Miłości w związku. W taki sposób, który jest najbardziej odpowiedni dla nas i naszego partnera.

Zaangażowanie się jest ściśle związane z jednym spośród siedmiu aspektów Miłości. Ten aspekt nazywa się Pokorą (lub Skromnością). W kontekście prawdziwej Miłości, Pokora ma wpływ na sposób, w jaki szanujemy prawdę drugiej osoby, i na to, że nie uważamy, że jakakolwiek z naszych własnych potrzeb jest ważniejsza.

Pozostańmy pokorni, aby wiedzieć, że nikt nie jest nam winien naszego szczęścia. Pozostańmy pokorni, aby szanować naszą Miłość oraz wolność i szczęście drugiej osoby. Bądźmy pokornie świadomi naszych Cieni.

Bądźmy wdzięczni za każdy dzień, jaki jest nam dany z osobą, którą kochamy. Wszystko się zmienia, więc nasza relacja również może się zmienić. Uznajmy to i nie czujmy się zranieni, lub źli, kiedy tak się stanie.

Jedyną rzeczą, do jakiej możemy się naprawdę w pełni zobowiązać, jest uhonorowanie energii Miłości.

Uhonorowanie tego, kim jesteśmy i kim jest ta druga osoba - oraz pozwolenie na to, żeby nasza prawdziwa Miłość pomogła się nam obojgu rozwinąć.

Wszystko inne to tylko umówienie się co do tego, na co chcemy się zgodzić.

A dla tych z nas, którzy lubią ideę bycia małżeństwem, gdyż postrzegają je jako coś romantycznego - mam kilka rodzynków, które być może Wam się spodobają.

Niektóre z pierwszych w historii ceremonii małżeńskich miały miejsce w starożytnym Egipcie i stamtąd właśnie pochodzi większość współczesnych tradycji ślubnych. Te pierwsze małżeństwa były zawierane z udziałem duchownych (tzw. hemu) religii Pr Ntr Kmt (jednej z ówczesnych religii egipskich).

Teksty dwóch pieśni weselnych z Egiptu oraz sumeryjski wiersz, które znajdują się poniżej - są przykładami pięknej starożytnej poezji miłosnej, które przetłumaczyłam z j. angielskiego:

Ilekroć Cię opuszczam - z Papirusu Harrisa, z XV wieku p.n.e.

„Ilekroć cię opuszczam, nie mogę złapać tchu,
Śmierć musi być tak samotna jak ja.
Śnię nieprawdziwe sny o straconej miłości
A moje serce zamiera we mnie.

Wpatruję się w moje ulubione ciasto z daktyli,
Które teraz smakuje jak sól.
A wino z owoców granatu, niegdyś tak słodkie w naszych ustach
Jest teraz gorzkie. Gorzkie jak ptasia żółć.

Wystarczy żebyśmy potarli się nosami,
Ukochana, albo twój pocałunek,
Aby moje jąkające się serce powiedziało wyraźnie:
Dodaj mi więcej oddechu, pozwól mi żyć!
Kobieto, przeznaczona dla mnie!
Sama Bogini podarowała ci ten święty dar,
Moją miłość - która przetrwa samą wieczność."

Niech moja ukochana kocha mnie najpiękniej - z Papirusu Turyńskiego, w okresie Ramesside około 1100 roku p.n.e.

„Niech moja ukochana miłuje mnie pięknie, a ja nakażę święcie,
By w jej dłonie złożono naręcza kwiatów lotosu,
Pąki pachnące i perfumy, oraz mocne piwo
O wszelkich możliwych smakach.
Wtedy odda mi się w miłości, w ten dzień niezapomniany,
I sprawi, że wypiję ten dzień do końca, do ostatniego blasku."

Według niektórych historyków najstarszym wierszem miłosnym na świecie jest liczący 4000 lat sumeryjski utwór, recytowany przez oblubienicę sumeryjskiego króla Shu-Sina, czwartego władcę Trzeciej Dynastii Ur, który panował w latach 2037-2029 p.n.e. Starożytni Sumerowie wierzyli, że świętym obowiązkiem króla było zaślubianie kapłanki każdego roku, a rytuał takiego świętego małżeństwa obejmował wzięcie ślubu przez króla i kapłankę jako upamiętnienie związku dwóch bóstw, najczęściej - Inanny/Isztar i

Dumuzi/Tammuz'a.

Wiersz przekazywany był ustnie z pokolenia na pokolenie i ostatecznie zapisany na sumeryjskiej tabliczce klinowej w VIII wieku p.n.e. Tabliczka została odkryta w 1880 roku w Nippur, regionie, gdzie obecnie znajduje się Irak, i od tego czasu jest własnością Istambulskiego Muzeum Antycznego Orientu. Pełne tłumaczenie wiersza w wersji angielskiej znajduje się w książce „Historia zaczyna się w Sumerze" Samuela Noah Kramera. Napisałam dla Ciebie wersję polską tego tłumaczenia:

Piosenka o miłości dla Shu-Sina

„Oblubieńcze, drogi mojemu sercu,
Dobre jest twoje piękno, ukochany,
Lwie, drogi mojemu sercu,
Dobre jest twoje piękno, umiłowany.

Pozwól mi stać przed tobą, zauroczonej i drżącej.
Oblubieńcze, który poniesiesz mnie do komnaty sypialnej,
Pozwól mi stać przed tobą, zauroczonej i drżącej.
Lwie, który poniesiesz mnie do komnaty sypialnej.

Oblubieńcze, pozwól mi cię pieścić,
Moje cenne pieszczoty są słodsze niż miód,
W komnacie sypialnej wypełnionej miodem,
Pozwól mi cieszyć się twoim dobrym pięknem,
Lwie, pozwól mi cię pieścić,
Moje cenne pieszczoty są słodsze niż miód.

Oblubieńcze, sprawiłeś sobie mną przyjemność,

Powiedz o tym mojej matce, niechaj obdaruje cię przysmakami,
Niech mój ojciec da ci prezenty.
Twoja dusza, wiem, jak rozweselić twoją duszę,
Oblubieńcze, śpij w naszym domu do białego rana,
Twoje serce, wiem, jak ucieszyć twoje serce,
Lwie, śpij w naszym domu do samego świtu.

Ty, ponieważ mnie kochasz,
Obdarz mnie modlitwą twoich pieszczot,
Jesteś dla mnie bogiem i obrońcą, mój Panie,
Mój Shu-Sin, który raduje serce Enlili,
Obdarz mnie modlitwą twoich pieszczot.

Do ciebie należy to miejsce, modlę się byś położył na nim rękę,
Unieś swoją rękę jak giszbanową* szatę,
Przyłóż do niego dłoń, jak giszbanowy strój.

*(prawdopodobnie chodzi o „gwiezdną szatę": konstelację gwiezdną w kształcie Łuku - BAN (GISH.BAN) - *qashtu*, w angielskiej wersji wiersza przetłumaczono to słowo jako „gishban")

SEKRET 8

CO PSUJE ZWIĄZEK:

7 DUCHÓW PRZESZŁOŚCI I JAK SOBIE Z NIMI RADZIĆ

Nieproszeni goście, którzy sieją zamęt.

Jeśli się z nimi nie rozprawimy, skończymy tam, gdzie chcą żebyśmy się znaleźli.

Wszyscy pragniemy tych samych rzeczy: dobrego zdrowia, spełnienia, kochającego związku/rodziny i komfortu w życiu. Podczas gdy szczegóły tego, jak widzimy nasze potrzeby, mogą się różnić - wszystko jednak sprowadza się do tego samego: poczucia szczęścia. Wszyscy chcemy szczęścia w życiu. Na tej planecie nie ma nikogo, kto by nam powiedział, że chce być nieszczęśliwy.

Do odnalezienia szczęścia w życiu potrzebne są dwie rzeczy. Z jednej strony, wymaga to pozbycia się bagażu swoich oczekiwań oraz docenienia i zaufania życiu, jako tej wspaniałej podróży, odbywanej po to, by stać się tym, kim mamy się stać. Z drugiej jednak strony, musimy dołożyć starań, aby dotrzeć do tego miejsca, w którym możemy w pełni być tą osobą, którą mamy być.

Jednym słowem: bądźmy czynni w swoich dążeniach, ale też nie stawajmy się przeszkodą na drodze naszemu szczęściu, gdy zmierza w naszą stronę.

Oczywiście, że wszyscy pragniemy mieć jak najbardziej udany związek, co do tego nie ma żadnych wątpliwości. Chcemy, aby był prawdziwie cudowną ucztą emocji, zmysłów i wrażeń, podczas której oboje możemy się cieszyć wspólnie spędzanym czasem i świętować to, co mamy: Miłość.

Ale co, jeśli ta uczta, którą z utęsknieniem sobie planowaliśmy nagle zostaje przerwana przez nieproszonych gości, którzy rozsiadają się przy naszym pięknie zastawionym stole i mają ukryty w zanadrzu swój własny niszczycielski plan?

Duchy naszej przeszłości. Wdarły się tutaj, podobnie jak nieproszeni goście wkradają się na prywatne imprezy lub wesela. I podobnie jak oni - mogą wywodzić się zarówno z kręgów znajomych gospodarza czy pana młodego, jak i gospodyni czy panny młodej. Często pochodzą z obu stron.

Każda emocjonalna rana, której nabawiliśmy się w przeszłości, staje się naszą słabością, ukrytą w naszej podświadomości jak zmiecione pospiesznie pod dywan okruchy. Każda taka rana staje się bazą do rozwijania się u nas podświadomego Cienia, który chroni nasze słabe punkty, można by rzec: „własnym ciałem". Taki Cień staje się jednocześnie bezwzględny. Jest jak złoczyńca, którego czarny charakter czyni go bezpardonowym w działaniu. Kontroluje nasze reakcje: myślenie, uczucia i zachowania. A im więcej mamy nieuleczonej traumy z przeszłości, tym więcej Cieni skrywa się w naszej podświadomości.

Nasze Cienie przejmują kontrolę nad nami po to, aby uchronić nas od wszelkich możliwych szkód. Niezależnie od tego, czy rzeczywiście istnieje jakieś prawdziwe niebezpieczeństwo, czy tylko wyobrażamy sobie, że jesteśmy w jakiś sposób zagrożeni, nasze Cienie „wychodzą" i działają w naszym imieniu. Dzieje się to tak, jakby ktoś nacisnął jakiś guzik: zaczynamy zachowywać się w sposób defensywny, jak roboty na automatycznym pilocie. Powtarzamy w kółko te same schematy, tkwiąc ponownie w podobnych jak kiedyś kłopotliwych sytuacjach. Utrwalamy nasz ból emocjonalny i ranimy nie tylko siebie, ale i innych. Jednym słowem: sabotujemy nasze związki, nasze szczęście, nasze prawo do sukcesu, dostatku/obfitości oraz nasze prawo do kochania kogoś i bycia kochanym.

Kiedy zaczynamy związek oparty na prawdziwej Miłości, zgadzamy się wspólnie przyjąć odpowiedzialność za pielęgnowanie i dzielenie energii naszej Miłości. Kiedy pojawiają się problemy, nie możemy po prostu wskazać palcem i powiedzieć: „To wszystko twoja wina", lub „Przecież wiesz, że jestem porypany/-a. Nie mogę nic na to poradzić."

Ponieważ tak naprawdę możemy coś na to poradzić. Zawsze możemy coś z tym zrobić, jeśli tylko rzeczywiście tego chcemy. A co do pierwszego stwierdzenia - nigdy nie jest to po prostu wina tej drugiej osoby. Miłość nie jest ślepa, a do związku, jak do tanga, trzeba dwojga.

Duchy naszej przeszłości poinformują nas o swojej obecności, prędzej czy później. Właściwie każdy z nas dobrze zna swoje Cienie. Wiemy przecież, jak możemy zareagować; wiemy, co zrobiliśmy i co możemy zrobić. Nie udawajmy więc, że jesteśmy zaskoczeni istnieniem naszych Cieni, kiedy rozbijają nasz związek. I bądźmy świadomi tego, że osoba, którą kochamy, także ma swoje własne Cienie.

Nie oznacza to wcale, że musimy uciekać od Miłości lub szansy na udany związek, kiedy jeszcze nie jesteśmy emocjonalnie uleczeni. Nie odrzucajmy także możliwości kochania i bycia z kimś, kto posiada bardzo głębokie, bolesne rany emocjonalne. Naturalnie, że zawsze jest lepiej rozprawić się z naszym własnym „bałaganem pod dywanem", zanim spowoduje on, że nasz związek się potknie o to zwalisko i upadnie. Ale - sama obecność takiego bałaganu (tej drugiej osoby lub naszego własnego) nie jest problemem, którego nie można przezwyciężyć. No cóż, chyba, że akurat tak właśnie jest.

Kiedy decydujemy się kochać siebie nawzajem i wzrastać razem, naturalnie podejmujemy ryzyko stawiania czoła naszej ludzkiej naturze, która jest zarówno piękna, jak i złożona.

Niezależnie od tego, czy to my czy nasz partner musi podjąć się wysiłku uzdrowienia swoich bolesnych ran, musimy być jednakowo cierpliwi, pomocni i na tyle mądrzy, aby wiedzieć, że proces gojenia zajmuje pewien czas.

Bardzo pięknym aspektem Miłości, który następuje w związku po Przychylności/Akceptacji i Pokorze, jest Równość. Kiedy rozpoznajemy Równość w naszym związku, uznajemy nasze równe prawa i przywileje do stworzenia najbardziej niesamowitego związku, jakiego pragniemy.

Jest to najważniejsza rzecz do zapamiętania, gdy Duchy naszej przeszłości zaczynają budować między nami bariery i ustawiać nas po swojemu. Nie dajmy się im. Nie pozwalajmy sobie dać się zaślepić ich bólem/gniewem tak, abyśmy nie stracili z pola widzenia światła naszej Miłości.

Zwykle dzieje się tak, że nasze własne Cienie zaczynają się zmagać i walczyć z Cieniami tej drugiej osoby, ponieważ każde z nas podświadomie próbuje chronić przed rozdrapaniem swoje rany. Jeśli nie poświęcimy wystarczająco dużo uwagi, jeśli nie będziemy rozmawiać o naszych obawach i nie będziemy próbować szukać rozwiązań - możemy łatwo sabotować nasz związek i pozwolić odejść naszej pasji w miejsce, z którego nie ma odwrotu.

Powiedziawszy to, muszę dodać, że wszystko jest możliwe. Wszyscy jesteśmy wyjątkowi. Wszyscy jesteśmy różni. I wiemy najlepiej, co jest korzystne dla nas i naszego związku - jeśli tylko naprawdę dostroimy się do wibracji Miłości.

Patrick i ja komunikujemy się w sposób pełen Miłości. Nie boimy się mówić o tym, co nam dolega i nie boimy się stawić czoła naszym Cieniom, ponieważ nie pozwalamy im tak łatwo nas przerazić. Byłoby prawdziwą naiwnością przypuszczać, że jesteśmy od nich wolni - to nie działa w ten sposób. Jako ludzie żyjący w społeczeństwie, wszyscy jesteśmy wrażliwi na nasze środowisko. Nasze przetrwanie, jako gatunku ludzkiego, zależy w dużej mierze od współpracy, a nie od samotności. Nie mamy szczególnie dobrego wzroku, słuchu, potężnych kłów i pazurów lub grubego futra, utrzymującego ciepło naszego ciała. Jako ludzka rasa przetrwaliśmy do tej pory dzięki naszej zdolności do współpracy jako wspólnoty. W tym jest nasza prawdziwa siła. Zależni jesteśmy od innych, a inni zależni są od nas. Tak więc wdrukowane „programy" innych ludzi wpływają na nas nie tylko we wczesnym dzieciństwie i młodości, ale w ciągu całego naszego życia. Dlatego tak ważne jest zachowanie „Higieny Cieni". Po to, aby utrzymać w ryzach naszą podświadomość i wziąć odpowiedzialność za nasz wewnętrzny bałagan.

W tym rozdziale zajmiemy się najczęściej spotykanymi nieproszonymi gośćmi w związkach - Duchami Przeszłości, z których powinniśmy zdawać sobie sprawę i wiedzieć, jak sobie z nimi radzić. To najdłuższy rozdział w tej książce - nie spiesz się, daj sobie czas na jego spokojne przeczytanie. Ci nieproszeni goście dali go sobie, kiedy zagnieździli się w twojej podświadomości, nie należy więc ich lekceważyć.

Niezależnie od tego, czy są to nasze własne Duchy Przeszłości, czy też nawiedzają naszą ukochaną osobę - gdy jesteśmy dobrze przygotowani, wszystko da się rozwiązać.

Warto o tym wiedzieć.

1. Duch Przeszłości

Lęk Przed Zmianami

Stanie Ci na drodze, jak dwugłowa kobra.
Nie da Ci się ruszyć - dla twojego „dobra".

Ten nieproszony gość żeruje na naszej niepewności co do tego, jak wszystko się ułoży w nowej sytuacji. Będzie nam szeptać do ucha, będzie plotkować o nieszczęściu innych ludzi i ostrzegać nas przed wszelkimi możliwymi negatywnymi skutkami naszych decyzji, próbując nas „ocalić".

Niezależnie od tego, czy przeprowadzamy się do nowego domu, zaczynamy nową pracę, rozpoczynamy lub kończymy związek - jeśli Lęk Przed Zmianami kwitnie sobie w najlepsze w naszej podświadomości, może powstrzymać nas od podjęcia działania. O tak, zrobi to z pewnością, jeśli tylko na to pozwolimy. Da nam tysiąc powodów, dla których powinniśmy pozostać tam, gdzie jesteśmy: bez względu na to, czy znajdujemy się w przyjaznym, czy destrukcyjnym otoczeniu, nawet takim, w którym dzieje się nam krzywda. Lęk Przed Zmianami będzie próbował przekonać nas, że „stary diabeł" jest lepszy od „nowego diabła" - skoro już wiemy, jak sobie z nim radzić. Dopóki pozwolimy mu kierować nami, nie będziemy w stanie znaleźć odwagi, zaryzykować i otworzyć się na możliwości, które pojawią się na naszej drodze. Być może nigdy nie będziemy w stanie w pełni wyznać komuś naszej miłości lub - w jakimś innym scenariuszu życiowym - nie będziemy w stanie zakończyć szkodliwego dla nas związku.

Istotnie łatwo jest przyzwyczaić się do każdej sytuacji, w której się znajdujemy, nawet jeśli nie jest już ona dla nas korzystna. Trudniej jest powitać zmianę i wejść na niepewny grunt. I nie ma to znaczenia, że ta zmiana może być dla nas dobra - Lęk Przed Zmianami zrobi wszystko, co w jego mocy, byśmy unikali zmian za wszelką cenę.

Jak pozbyć się tego nieproszonego gościa:

Krok 1: Zauważ i zaakceptuj fakt, że nasze życie składa się z szeregu zachodzących zmian - za naszym przyzwoleniem lub bez niego. Bez względu na to, co robimy lub czego nie robimy, życie tak czy inaczej ciągle przynosi zmiany - i to jest tak naprawdę JEDYNA stała rzecz w życiu.

CIĄGŁE ZMIANY TO JEDYNA RZECZ, JAKA JEST STAŁA
W NASZYM ŻYCIU.

Krok 2: Zauważ i zaakceptuj fakt, że w żadnej sytuacji życiowej nigdy nie ma nic pewnego. Nie ma żadnych gwarancji na to, że to, co dzisiaj wygląda w pewien sposób, nie okaże się jutro być zupełnie czymś innym. Tak to właśnie jest: w życiu nie ma nic pewnego. Ale to jest normalne. To tylko życie.

Krok 3: Przyjrzyj się swojej sytuacji: dlaczego myślisz, że tak się przyzwyczaiłeś/-aś do tego, jaka jest?

Oto, z czego wielu spośród nas nie zdaje sobie sprawy: Gdy nauczyliśmy się już, jak przetrwać w określonych warunkach, czujemy się pewni, że wiemy jak funkcjonować w takim środowisku. Ta pewność staje się naszą „swojską strefą komfortu" i mamy tendencję, by ograniczać się do tego co swojskie, zadawalając się tym, że wiemy, jak się w tym poruszać. Można się przyzwyczaić nawet i do różnych zawirowań i zawieruch, uważając, że to jest normalne i że widocznie „tak ma być". Mamy tendencje do odtwarzania starych doświadczeń w zupełnie nowych sytuacjach, uznając je za „zwykłą codzienność" - bez względu na to, czy jest to dla nas doświadczenie przyjemne czy trudne, kojące czy irytujące, podbudowujące czy toksyczne. W ten sposób wiele osób może utknąć w sytuacjach, które ich nie wspierają, ale często odzierają ze szczęścia lub z tego, co dla nich drogie. Takie są niestety fakty.

Dlatego warto pamiętać, że „swojska strefa komfortu" to tylko wytwór naszego umysłu.

Krok 4: Ilekroć jesteś ze swoją ukochaną osobą, trzymając ją za rękę lub patrząc jej w oczy - przypomnij sobie, że celem waszego związku jest wspólny rozwój i dzielenie się energią Miłości. Wszelkie inne oczekiwania nie mają nic wspólnego z prawdziwą Miłością. Żadne w Was nie musi niczego udowadniać. Złóż sobie obietnicę, że będziesz pielęgnować Waszą Miłość i pozwól, aby prowadziła Cię w Waszym związku. Zaufaj temu procesowi i zaufaj sobie. W końcu nie masz nic do stracenia, z wyjątkiem Lęku Przed Zmianami.

2. Duch Przeszłości

Lęk Przed Byciem Zranionym Emocjonalnie

**Nie da Ci kochać i być kochanym.
Twierdzi, że Miłość zostawia rany.**

Ten przerażający Duch Przeszłości może nam się ukazać na różnych etapach naszego związku. Spogląda w przeszłość, szukając rady i zawsze znajduje tam potwierdzenie, że istnieją wystarczające powody, by oczekiwać, że coś pójdzie nie tak.

To sprawia, że nakładamy przeróżne „zbroje" i bierzemy do ręki „tarcze ochronne", które naszym zdaniem chronią nas przed zranieniem. Może nam się wydawać, że nasze mechanizmy obronne zapewniają nam pewien rodzaj bezpieczeństwa - ale są to jedynie bariery, które budujemy pomiędzy sobą a tą osobą, której najbardziej pragniemy. Wierzymy święcie, że podejmujemy realne ryzyko, wstępując z kimś w związek i otwierając się przed nim/nią. Czujemy się zbyt bezbronni i jesteśmy przekonani, że im bardziej nam na kimś zależy, tym bardziej możemy zostać zranieni.

To przekonanie może być związane z jakimś traumatycznym przeżyciem emocjonalnym w przeszłości - takim jak na przykład zdrada lub rozwód. Jednak niektórzy ludzie mogą nabawić się podobnych lęków nawet i wtedy, gdy jedynie usłyszą historię o czyjejś tragicznej miłości, zwykle członka własnej rodziny lub przyjaciela. Nie są w stanie nawet wyobrazić sobie, co by się stało, gdyby się sami zakochali i wystawili się na takie „niebezpieczeństwo". Rozpatrują w głowie wszystkie możliwe najgorsze scenariusze, unikając przy tym Miłości jak ognia.

Możemy również nieopatrznie pozwolić temu Duchowi Przeszłości rozgościć się w naszym domu, gdy ciężko jest nam uwierzyć, że ktoś naprawdę może nas pokochać. Jest to często związane z tym, czego zostaliśmy nauczeni lub sami się nauczyliśmy w dzieciństwie - albo z powodu krytycznej postawy naszych rodziców czy opiekunów lub przeniesienia na siebie odczuć, które nasi rodzice/opiekunowie żywili wobec siebie samych. Kiedy ktoś postrzega nas inaczej, kochając nas i doceniając, możemy nawet zacząć się czuć z tym niewygodnie i przyjmować postawę obronną, gdyż kwestionuje to wszystko, w co wierzyliśmy na własny temat od dłuższego czasu.

Bardzo silnie identyfikujemy się z naszą wizją nas samych i przywiązujemy się do niej bez względu na to, co dzieje się w naszym życiu.

Wielu z nas boi się odczuwania głębokich emocji. Zważywszy, że zakochiwanie się robi niezłe zamieszanie w naszych uczuciach, możemy doświadczać całego ich spektrum - począwszy od wszechogarniającej radości aż do obezwładniającego smutku. Wielu z nas woli być nieczułym niż odczuwać smutek. Jednak znieczulenie emocjonalne nie jest możliwe wybiórczo: gdy się znieczulamy na odczuwanie smutku - jednocześnie automatycznie przestajemy odczuwać radość.

Są wśród nas tacy, którzy boją się utraty ukochanej osoby i wolą raczej nie doświadczać Miłości, niż ją mieć, a potem ją stracić.

Przyczyną tego może być fakt, że przeżyli w życiu tragedię, tracąc kogoś w przeszłości, ale - może też być tak, że nic takiego się nigdy nie stało.

Kiedy się zakochujemy, nie tylko musimy zmierzyć się z lękiem przed ewentualną utratą naszego partnera, ale także zaczynamy bardziej odczuwać swój własny lęk egzystencjalny. Nasze życie ma teraz większy sens, więc podświadome myśli o utracie życia napełniają nas strachem - choć nie zdajemy sobie z nich sprawy. Możemy zacząć sabotować nasz szczęśliwy związek, wywołując kłótnie z naszym partnerem lub nawet zupełnie wycofać się ze związku, wynajdując w swojej głowie powody, dla których nie powinniśmy w ogóle z nim/nią być.

U ludzi, którzy trwają w Lęku przed Byciem Emocjonalnie Zranionym, może powstać poważny syndrom, który przejmie kontrolę nad ich życiem i zrujnuje wszelkie szanse na stworzenie szczęśliwego związku:

Mogą zacząć cierpieć na cały szereg objawów, takich jak nudności, duszności lub nadmierne pocenie się. Mogą być podatni na ataki paniki, gdy tylko uznają, że mogą być „zagrożeni", podejmując kontakt z kimkolwiek lub - „co gorsza" - nawiązując głębszą relacji z kimś wyjątkowym.

Filofobia (Philophobia) (z greckiego: „philos", co znaczy „ukochany" lub „kochający/-a", i „phobos", co oznacza „strach") to stan, w którym ktoś irracjonalnie boi się zakochania i bycia z drugą osobą. Ludzie z filofobią wolą być singlami przez resztę swojego życia.

Tacy ludzie mogą także na przykład unikać oglądania filmów romantycznych lub trzymać się z daleka od miejsc, które są uczęszczane przez pary. Uczestnictwo w czyimś ślubie może być dla nich prawdziwą torturą. I jeśli nic nie zrobią, aby rozprawić się ze swoimi lękami - ich filofobia może stać się poważną przeszkodą w prowadzeniu jakiegokolwiek życia towarzyskiego.

Jak sprawić, by ten nieproszony gość odszedł
- zanim zawładnie naszym życiem:

Krok 1: Spróbuj zidentyfikować swoje główne lęki i wątpliwości co do bycia zakochanym:

Jak myślisz, co mogłoby się stać, gdyby pozwolić sobie kochać i być kochanym/-ą?

UWAGA: Najlepiej zapisać te przemyślenia, aby lepiej przeanalizować swoje uczucia.

Kiedy umieszczamy rzeczy na papierze, pomaga nam to nabrać dystansu i spojrzeć na wszystko bardziej racjonalnie zamiast emocjonalnego traktowania tego, co rozważamy.

Krok 2: Wróć myślami do swoich poprzednich związków, jeśli w jakichś byłeś/-aś:

O co najczęściej się kłóciliście?

Jakie odczucia/myśli powodowały, że reagowałeś/-aś w taki a nie inny sposób?

LUB - jeżeli nie byłeś/-aś jeszcze w żadnym poważnym związku: Jakie negatywne historie słyszałeś/-aś o nieszczęśliwych lub tragicznych związkach? Jakie odczucia one w Tobie wywołały?

Czy wierzysz, że podobna nieszczęśliwa historia może stać się Twoim udziałem?

Ponownie, zapisz swoje przemyślenia i wnioski.

Krok 3: Pomyśl o swoim dzieciństwie, aby przypomnieć sobie, jak czuli się na swój temat twoi rodzice/opiekunowie:

Czy mieli niską samoocenę i nie wierzyli, że zasłużyli sobie na szczęście w życiu?

Przypomnij sobie, jaką wizję siebie stworzyłeś/-aś sobie we wczesnych latach swojego życia:

Czy nauczono Cię, że Miłość nie przychodzi za darmo i że trzeba

sobie zasłużyć na bycie kochanym?
Czy często byłeś/-aś krytykowany?
Czy mówiono ci, że nie jesteś wystarczająco dobry/-a?

Zapisz odpowiedzi na te pytania.

Krok 4: Omów swoje obawy z kimś, komu ufasz, przyjacielem, który życzy Ci dobrze. Lub - jeśli jesteś w związku, podziel się nimi ze swoim partnerem. Tak, jest to duży krok, aby odsłonić naszą słabą stronę. Jednak pełna Miłości komunikacja jest tym, co naprawdę może umocnić Wasz związek i może zaskoczyć Cię to, ile wykazujemy siły, gdy nie boimy ujawnić się naszych słabości. Miłość jest ogromną mocą. Często o tym zapominamy, ale tak właśnie jest. Twoja otwartość i gotowość do porozmawiania o Twoich lękach mogą pomóc Ci umocnić więź i pogłębić zaufanie między Tobą a Twoim partnerem. Upewnij się, że oboje zgadzacie się zachować spokój, zanim zaczniecie rozmowę - i zaproponuj, żebyście na zmianę mówili i słuchali - bez przerywania sobie nawzajem.

Możesz na przykład zacząć od czegoś takiego: „Myślę, że moje problemy w poprzednim związku (lub w obecnym) były spowodowane moimi lękami na temat Miłości. Chciał(a)bym poradzić sobie z nimi, i jakoś je przepracować, żeby uniknąć dalszych problemów. Czy jesteś w stanie porozmawiać o tym ze mną?"

W następnym rozdziale będziemy mówić o komunikowaniu się ze sobą i podzielę się z Tobą kolejnymi sekretami - dobrymi sposobami na przeprowadzanie satysfakcjonujących rozmów, jakie Patrick i ja stosujemy w naszym własnym związku.

Krok 5: Staw czoła swoim negatywnym myślom. Pracuj nad tym, aby je zmienić i staraj się myśleć pozytywnie na temat Miłości. Tak, podejmujemy ryzyko, kiedy otwieramy serce na kogoś. Stajemy się bardziej wrażliwi i - tak, wszystko może się zdarzyć i możemy zostać zranieni. Takie jest życie. Jeśli jednak pozwolimy, aby Lęk Przed Byciem Emocjonalnie Zranionym przejął nad nami władzę, w rzeczywistości sprawiamy, że naprawdę zostajemy okaleczeni. Pomyśl tylko: niedawanie sobie szansy poznania i dzielenia się Miłością to nic innego jak okradanie się z najpiękniejszego doświadczenia, jakie możemy mieć w życiu. Doświadczenia, które może pomóc nam się rozwinąć tak, abyśmy mogli stać się tym, kim mamy być. Doświadczenia, które może pomóc nam wyleczyć to, co powstrzymuje nas przed byciem tą osobą, jaką możemy się stać. Kiedy odmawiamy sobie Miłości, ranimy to, co w nas najcenniejsze: nasze piękne Serce.

3. Duch Przeszłości

Lęk Przed Byciem Odrzuconym

Chętnie pomocny zyskuje sobie nasze zaufanie, skrywając to, co naprawdę się z nami stanie.

Ten Duch Przeszłości jest bezlitosny: nie tylko miesza się do naszego związku, ale także kontroluje wszystko, co robimy w naszym życiu.

Każdy z nas został kiedyś zraniony - w taki czy inny sposób. Każdy z nas doświadczył kiedyś zaniedbania lub zapomnienia. Pominięcia lub porzucenia. Odepchnięcia, niedoceniania lub wyśmiewania. Zdeptania marzeń lub wyrzucenia z pracy.

Jakie są nasze opcje? Jak odpowiemy życiu, które dało nam pozornie dobre powody, byśmy uwierzyli, że nie jesteśmy wystarczająco dobrzy i że znowu zostaniemy odrzuceni?

Czy będziemy uciekać od tych, którzy próbują nas kochać? Czy zrezygnujemy z realizacji naszych marzeń? Wzniesiemy wokół siebie mury, tak aby nikt i nic się nie przedostało? Zamknięci przed światem i zranieni?

Dla wielu osób Lęk Przed Byciem Odrzuconym i pragnienie akceptacji stają się głównymi źródłem motywacji do wszelkiego działania w życiu.

Dzieje się tak dlatego, że Lęk przed Odrzuceniem jest jednym z najgłębszych ludzkich lęków. Zostaliśmy biologicznie zaprogramowani na tęsknotę za przynależnością i boimy się tego, że ktoś mógłby nas postrzegać krytycznie, co mogłoby nas wykluczyć ze społeczności/wspólnoty.

Bycie odrzuconym wyzwala w nas nasze lęki egzystencjalne: jako gatunek ludzki byliśmy w stanie przetrwać wyłącznie ze wsparciem i ochroną innych. Ludzkie dzieci są bezbronne i muszą być chronione przez wiele lat, by mogły dojrzeć i przetrwać. Ludzie pierwotni byli w stanie przetrwać tylko w grupach/plemionach; człowiek pozostawiony sam sobie w dziczy był skazany na śmierć: przeważnie ginął pożarty przez dzikie zwierzęta, niezdolny do obrony. I w taki sposób zaczęliśmy się bać tego, że zostaniemy odcięci lub odizolowani.

Czasy się zmieniły i cywilizacja wyposażyła nas w wiele narzędzi/środków, z których możemy skorzystać, by przetrwać. Tym niemniej Lęk przed Odrzuceniem pozostał ten sam.

Czego się tak naprawdę boimy?

Być może boimy się, że odrzucenie potwierdzi to, co czujemy na własny temat: że nie można nas kochać, że nie jesteśmy wystarczająco dobrzy, że jesteśmy skazani na życie w samotności i niedocenieniu, że nie jesteśmy wiele warci.

Lęk przed Odrzuceniem często staje się samospełniającą się przepowiednią. Kierowani Lękiem przed Odrzuceniem sabotujemy własne starania, związki, stajemy się mniej asertywni, chowamy się przed życiem i nie sięgamy po nasze marzenia.

Lęk przed Odrzuceniem zaczyna dominować nie z powodu doświadczeń, przez jakie przechodzimy, ale dlatego, że nie wiemy jak poradzić sobie w sytuacjach, w których jesteśmy odrzucani lub kontrolowani. Bardzo ważne jest, by dostrzec wyraźnie różnicę - rozgraniczyć bycie od zachowania.

Wszyscy dorastaliśmy w dysfunkcyjnych społeczeństwach (lub rodzinach), gdzie nauczono nas oceniania wartości innych i samych siebie na podstawie zewnętrznych pozorów - naszego zachowania.

Doprowadzono do tego, że uwierzyliśmy, że bycie kochanym jest uwarunkowane naszym zachowaniem: jeżeli nie zachowywaliśmy się w sposób, jakiego oczekiwali od nas nasi opiekunowie (lub społeczeństwo), odmawiano nam Miłości i przypisywano łatkę złej osoby. Z drugiej strony ktoś, kto zachowywał się w taki sposób, jakiego oni chcieli, był nazywany dobrą osobą i na różne sposoby nagradzany.

To bardzo ważne, byśmy przestali oceniać swoją wartość na podstawie dysfunkcyjnych standardów naszego społeczeństwa (lub rodziny), które nauczyły nas, że to wstyd być niedoskonałą ludzką istotą.

**Każdy człowiek jest tak samo ważny i wyjątkowy.
Jeden na miliardy.**

Jednak często w głębi serca czujemy się gorsi od innych, niewystarczająco dobrzy, by zasłużyć na miłość, szczęście lub sukces. To nie nasze zachowanie, ale istota tego, kim jesteśmy, powoduje, że wszyscy jesteśmy równie cenni, godni miłości i najpiękniejszego życia.

**Co można zrobić ze swoim toksycznym wstydem
przed tym, że nie jesteś wystarczająco dobry/-a
i Lękiem Przed Byciem Odrzuconym?**

Krok 1: Zajrzyj w głąb siebie:

Jakie wdrukowane przekonania sprawiają, że oceniasz siebie i innych na podstawie oczekiwań/wymogów wynikających ze standardów społeczeństwa (lub Twojej rodziny)?

Co zrobiłeś/-aś lub czego nie zrobiłeś/-aś w wyniku tych przekonań?

Zapisz swoje przemyślenia na papierze: w ten sposób łatwiej jest się zdystansować od własnych myśli.

Krok 2: Wróć myślami do przeszłości - jakie emocje odczuwałeś/-aś w sytuacjach, gdy doświadczyłeś/-aś odrzucenia:

Czy było Ci wstyd? Czy czułeś/-aś się rozczarowany/a? Bezwartościowy/-a?

A może lęk sparaliżował Cię tak bardzo, że zdecydowałeś/-aś się nie próbować już sięgać po to, czego pragnąłeś/-aś?

Ponownie spisz swoje myśli na kartce papieru.

Krok 3: Wróć myślami do swojego dzieciństwa:

Kiedy się to wszystko zaczęło?

Czy była jakaś konkretna sytuacja, którą możesz sobie teraz przypomnieć, czy była to raczej ogólna atmosfera, która wpłynęła na Twoje podejście do życia?

To bardzo ważne: musisz przypomnieć sobie, co i w jaki sposób wpłynęło na Ciebie w przeszłości, by zrozumieć, że to, co się stało, BYŁO W PRZESZŁOŚCI.

Pamiętaj: kiedy pozwalasz, żeby Twoje doświadczenie z przeszłości miało na Ciebie wpływ w teraźniejszości, pozwalasz czemuś, co jest TYLKO wspomnieniem, utrwalać Twój lęk i ból.

TO TYLKO WSPOMNIENIE. W teraźniejszości istnieje TYLKO w Twojej głowie.

Krok 4: Obiecaj sobie, że zajrzysz w głąb swego Serca, by znaleźć to, czego potrzebujesz:

Kiedy przestajemy oczekiwać od innych tego, czego nie mogą nam dać, odnajdujemy to, czego nam potrzeba w nas samych. Nie oznacza to, że trzeba być samolubnym, aby czuć się kochanym od środka. Nie chodzi tu o egoizm, nie chodzi o dumę ego i postrzeganie sobie jako kogoś lepszego od innych. Każdy człowiek jest tak samo ważny i wyjątkowy. Jeden na miliardy.

Ważne jest, by zrozumieć swoją własną unikalną wartość i przestać pragnąć stałego uznania od innych, pamiętając o tym, że tak jak każdy inny człowiek, my też jesteśmy unikalni. Ani lepsi ani gorsi. Tak jak każdy inny człowiek jesteśmy piękni, unikalni i wyjątkowi.

Nasze szczęście nie jest nagrodą w konkursie zwanym życiem.

Nie ma żadnego konkursu. To tylko iluzja, którą ciągle odtwarzamy w naszych Umysłach. Szczęście jest naszym przyrodzonym przywilejem. I tylko od nas zależy, jak z niego skorzystamy.

Krok 5: Zakwestionuj swoje negatywne myśli i popracuj nad wyrabianiem w sobie pozytywnego myślenia na własny temat.

Aby przeprogramować swoją podświadomość wystarczy TYLKO sześć tygodni. A jeśli utrzymasz się w pozytywnym myśleniu i nastawieniu do życia przez kolejne sześć miesięcy - stanie się to Twoim stylem życia.

Krok 6: Przyjmuj życie z otwartymi ramionami - oddychaj głęboko i ciesz się każdym dniem, pamiętając, że szczęście w życiu nie zależy od zewnętrznych okoliczności:

Życie to pakiet zawierający różne doświadczenia.
Wszystkie z nich to wspaniałe dary, które pozwalają nam stawać się lepszymi, piękniejszymi i bardziej świadomymi.

Nasze życie jest odzwierciedleniem tego, kim się stajemy. Dlatego ważne jest, żeby żyć pełnią życia i mieć otwarte serce. Nieważne, co się dzieje, nieważne, że możemy zostać zranieni.

Nikt nie jest w stanie pozostać szczęśliwym, uciekając od tego, co oferuje nam życie.

Każdy dzień daje nam nową szansę na akceptowanie i docenianie naszych unikalnych doświadczeń - z chęcią, odwagą, godnością i radością.

Dobrze jest wyrażać swoją wdzięczność za te dary w dowolny sposób i pamiętać, że jutro przyniesie nam jeszcze więcej darów. Jeszcze więcej unikalnych doświadczeń zaprojektowanych specjalnie dla nas - po to, byśmy mogli nadal się rozwijać i stawać się tym, kim się stajemy.

4. DUCH PRZESZŁOŚCI

LĘK PRZED UTRATĄ WŁASNEJ WOLNOŚCI

> **Straszy, potrząsając łańcuchami,
> by Cię zawrócić z drogi.
> Uważaj - bo przywiąże Cię nimi
> do swojej własnej nogi.**

Pomimo, że większość z nas pragnie związku pełnego Miłości i spełnienia, są jednak tacy, którzy boją się intymności. Mamy tendencję do oceniania takich ludzi jako niedojrzałych lub niechętnych do poświęceń - dlatego, że unikają zobowiązań. A co jeśli błędnie oceniamy i nie rozumiemy ich lęku przed zobowiązaniami?

Co jeśli prawdziwym lękiem, który nimi kieruje - nie jest lęk przed zobowiązaniami i obietnicami, ale lęk przed utratą?

Ci, którzy unikają zobowiązań i intymności, najprawdopodobniej boją się, że „stracą siebie" lub „utracą swoją wolność".

Kiedy się do czegoś zobowiązujemy w odniesieniu do innej osoby, kariery, dzieci, a nawet np. najmu, wiążemy się z czymś na pewien okres czasu. Wszyscy wiemy lub słyszeliśmy o ludziach, których całkowicie pochłonęła praca, lub którzy zaprzepaścili siebie, będąc w małżeństwie.

Myśl, że można zaprzepaścić siebie, naturalnie budzi lęk. Nie jest to jednak nieuniknione. Właściwie, aby utrzymać nasze szczęście, będąc w związku - musimy mieć pełną jasność co do tego, kim jesteśmy. Należy wiedzieć, co w naszym przypadku nie podlega negocjacjom i trzymać się swoich prawd.

Nasza wolność jest dla nas bardzo cenna, ale nie można jej mylnie pojmować. Czasem myślimy, że chcielibyśmy żyć w świecie bez granic, podczas gdy tak naprawdę pragniemy poznać jak daleko możemy wyjść poza reguły lub ograniczenia i wiedzieć, że można je naginać. Pełna wolność przychodzi z poczuciem odłączenia i często sprawia, że czujemy się samotni. Nie różnimy się w tej kwestii od nastolatków, którzy testują granice, aby się upewnić, że są kochani i że komuś na nich zależy.

Wszyscy wiemy, że bycie w związku pełnym Miłości jest prawdopodobnie najwspanialszym uczuciem, jakiego można doświadczyć. Jednak wielu z nas wycofuje się z długotrwałych związków, a nawet małżeństw, z powodu Lęku Przed Utratą Swojej Wolności.

Lęk przed zobowiązaniami, niechęć do kontynuacji, wahanie i tym podobne nie utrzymają naszej wolności na dłuższą metę. Wolność najpiękniej spełnia się w przynależności/jedności, a nie poprzez oddzielność. A jedność może zaistnieć tylko wtedy, gdy dwoje stanie się jednym w związku i każde ma wolność wyboru, by powiedzieć „tak" lub powiedzieć „nie".

Jak najbardziej, można mieć związek pełen Miłości i spełnienia bez utraty swojej wolności.

Oto kilka prostych kroków w kierunku utrzymania naszej wolności w związku pełnym Miłości, bliskości i troskliwości:

Krok 1: Pozwólcie sobie być różni od siebie.

Nie ma na świecie dwóch osób, które byłyby takie same. Każdy z nas rodzi się z innymi cechami, które pozwalają nam rozwinąć naszą indywidualną osobowość poprzez proces dorastania. Pamiętajmy zawsze ten fakt, że różnice pomiędzy nami a naszymi partnerami są tak naprawdę najważniejszymi czynnikami w naszym związku przyczyniającymi się do naszego rozwoju. Poza tym, czy to nie przyjemność spędzać czas z kimś, kto nie jest dokładnie taki sam jak my?

Krok 2: Pozwólmy sobie cieszyć się przestrzenią osobistą.

Każde małżeństwo lub długotrwały związek wymaga pewnej przestrzeni, aby mógł się rozwijać i prosperować. Nie mówimy tutaj o tworzeniu dystansu pomiędzy Wami. Ale np. ciągłe dzwonienie do partnera, żeby sprawdzić co robi - jest jak trzymanie kogoś pod ścisłą obserwacją. Oboje musicie czuć się wolni, żeby cieszyć się swoim dniem, czy to w pracy, czy w domu.

A dzielenie się później ze sobą swoimi doświadczeniami i opowiadanie o swoim dniu może stać się bardzo ładnym rytuałem, jaki możecie dla siebie stworzyć.

Krok 3: Pamiętaj, że oboje macie prawo być niedoskonali. Taka jest prawda - nikt z nas nie jest doskonały. I chociaż może być trudno zaakceptować tak zwane „złe nawyki" męża czy żony - komunikacja z partnerem na temat wad każdego z was jest niezbędna. Pozwólcie sobie pośmiać się ze swoich niedoskonałości/przywar. To naprawdę może zdziałać cuda.

Krok 4: Upewnij się, że oboje pragniecie pójść na kompromis i spotkać się pośrodku.

Oczekiwanie, że tylko Twój partner się zmieni jest nie tylko nieuczciwe, ale i mało realistyczne. Ty także się zmienisz, bez względu na to, czy tego chcesz, czy nie: dlatego, że wszystkie związki sprawiają, że się zmieniamy i rozwijamy. Bardzo ważnym jest, abyście obydwoje potrafili, na pewnym poziomie, pójść na kompromis i zmienić się na lepsze. Często zdarza się jednak, że pary nieświadomie popełniają błąd, nie robiąc tego. A przecież wszyscy rozwijamy się, idąc przez życie, i nasze związki dają nam wspaniałe okazje, aby rozwijać się jeszcze bardziej.

Krok 5: Ciesz się swoją Wolnością Kochania. Celebruj swojego partnera i celebruj waszą Miłość.

Kiedy już znajdziemy swojego wymarzonego partnera - zdarza się, że przechodzimy do tzw. „porządku dziennego", traktując naszą Miłość oraz związek jak zwykłą codzienność. A przecież nie ma żadnych zasad co do tego, jak często chcemy czy potrzebujemy mówić „Kocham Cię", jak często chcemy się wzajemnie zaskakiwać romantycznymi gestami, prezentami lub innymi wyrazami naszej Miłości. Wyrażanie Miłości w związku staje się naszym stylem życia, sposobem, w jaki chcemy się sobą cieszyć i szanować się nawzajem.

**Dzielenie się energią Miłości, która nas wypełnia
oraz jej celebrowanie,
jest podstawą prawdziwie szczęśliwego związku.**

Pod koniec tej książki znajdziesz na deser pewne przykłady, które mogą zainspirować Ciebie i Twojego partnera do stworzenia jeszcze bardziej radosnej i pełnej Miłości interakcji w Waszym związku. Otóż to, bawcie się dobrze! Im więcej wspólnej zabawy, tym więcej Wolności Kochania.

5. Duch Przeszłości

Lęk Przed Byciem Nieudacznym

**Połączony jest biodrem
z Lękiem Przed Byciem Odrzuconym.
Ci dwaj bracia bliźniacy
chcą widzieć Cię osamotnionym.**

Będąc dziećmi, wielu z nas doświadczyło nie jeden raz sytuacji, kiedy mówiono nam, że nie jesteśmy wystarczająco dobrzy lub zarzucano nam, że nie potrafimy zrobić czegoś wystarczająco dobrze.

Czemu więc niektórzy z nas poszli dalej i nie pozwolili sobie uwierzyć, że są nieudolni, podczas gdy inni boją się, że nigdy nie będą wystarczająco dobrzy, by żyć takim życiem, o jakim marzą?

Zależy to od tego, jaką wizję siebie stworzyliśmy w swoim umyśle. Nasza wizja siebie jest głęboko związana ze sposobem, w jaki nas zaprogramowano lub jak sami zaprogramowaliśmy siebie na podstawie swoich doświadczeń, przekonań oraz - przede wszystkim na podstawie tego, co zgodne jest z tym, w jaki sposób obecnie siebie postrzegamy.

To, w co wierzysz na swój temat, wpływa na to, jak myślisz, zachowujesz się, funkcjonujesz, o co się starasz, oraz po co sięgasz:

Czy kiedykolwiek opanowuje Cię silne uczucie przegranej?

Czy kiedykolwiek czujesz, że i tak nie dorównasz innym?

Czy myślisz czasem, że brak w Tobie tego, co potrzebne jest do osiągania swych zamierzeń?

Czy czujesz czasami, że nie ma co się tak starać, gdyż to, co robisz po prostu Cię przerasta?

Poczucie bycia niewystarczająco dobrym zwykle idzie w parze z podświadomie przechowywanymi negatywnymi emocjami związanymi ze wspomnieniami z przeszłości.

Za każdym razem, kiedy w naszym życiu dzieje się coś, co aktywuje takie wspomnienia - może to wyzwalać u nas Lęk Przed Byciem Nieudacznym.

Kiedy to wszystko się zaczęło? W momencie kiedy tylko zaczynamy definiować/postrzegać siebie jako jednostki - odrębne od naszej mamy lub innego opiekuna - zaczynamy budować swoją wizję siebie.

Każde doświadczenie, jakie przeżywamy w życiu, wpływa na nasze nowe podświadome przekonania na własny temat.

DOBRA WIADOMOŚĆ jest taka, że nasza wizja siebie nie jest rzeczą stałą. Może się ona zmieniać w zależności od naszej sytuacji życiowej, statusu, pozycji, a nawet nastroju. Kiedy czujemy się świetnie, widzimy siebie na szczycie świata. A kiedy mamy chandrę, postrzegamy siebie całkiem inaczej.

LĘK PRZED BYCIEM NIEUDACZNYM/NIEUDOLNYM
TO NIC INNEGO JAK TYLKO STARA „BABA JAGA",
W KTÓRĄ NADAL PODŚWIADOMIE WIERZYMY.

Jeśli z jakiegoś powodu nie jesteśmy w stanie oddzielić naszych doświadczeń z przeszłości od teraźniejszości, pozwalamy temu nieproszonemu gościowi nadal nas nawiedzać.

Ten Duch Przeszłości jest tak stary,
że nie ma już zębów, którymi mógłby gryźć.
Dlatego tak kurczowo trzyma się swojego brata bliźniaka
(Lęku Przed Byciem Odrzuconym),

upijając się naszym niskim poczuciem wartości.
Pamiętajmy, że możemy postrzegać swoje Prawdziwe Ja lub tylko swój Cień.

Jak usunąć tego nieproszonego gościa z naszego związku:

Krok 1: Zauważ, że wszyscy rodzimy się szczęśliwi. Jako maleńkie dziecko, wcale nie odczuwałeś/-aś, że coś z Tobą nie tak, że jesteś nieudacznikiem, niezdolnym do działania. Ciesząc się życiem, wierzyłeś/-aś, że jesteś wystarczająco dobry/-a i że zasługujesz na Miłość.

Krok 2: Zauważ i przyznaj się przed sobą, że możesz nauczyć się, czego chcesz ORAZ oduczyć się, czego tylko chcesz. Zależy to tylko od Ciebie, jakie wzorce chcesz utrzymać, a których się pozbyć.

Krok 3: Zauważ i zaakceptuj to, że porównywanie swojej sytuacji do sytuacji innych jest bezsensowne i w ogóle Ci nie pomoże w jakikolwiek sposób. Jesteś unikalną osobą i taka jest też historia Twojego życia.

U podstaw naszego bytu, jako rasa ludzka, wszyscy jesteśmy tacy sami: rozwijamy się, pragniemy i szukamy Miłości, przechodzimy przez te same cykle ewolucji - czy to indywidualnie, czy w skali globalnej. Jednak to, w jaki sposób wyrażamy ten wspólny nam „rdzeń", jak projektujemy siebie i nasze życie - na podstawie tego „rdzenia", jak przetwarzamy nasze doświadczenia, jak działamy w ramach naszych ciał, umysłów lub emocji, jest całkowicie niepowtarzalne.

Nie istnieją żadne takie okoliczności, nastroje, czy też emocjonalne rany, które mogłyby ograbić Cię z godności osobistej lub radości życia. Każdy z nas nosi w sobie naturalnie nam przyrodzone poczucie szczęścia. Kiedy uświadomimy sobie, jak cenne jest nasze życie, możemy odszukać wewnątrz to szczęście i przezwyciężyć wszystko, co próbuje ściągnąć nas w dół.

Kiedy uzmysławiamy sobie piękno i wagę naszego istnienia - naturalnie rozszerzamy swoją Wizję Siebie. Doceniamy, obejmujmy i szanujemy to, kim się staliśmy i kim jeszcze się staniemy.

JESTEŚ WIĘCEJ NIŻ TYLKO WYSTARCZAJĄCO DOBRY/-A:

Jesteś cenny/-a. Jesteś piękny/-a.
Jesteś kochany/-a - przez przyrodę, przez naszą planetę, przez swój następny oddech.

Nie pozwól nikomu wmówić sobie, że jest inaczej.

Krok 4: Przestań poddawać się negatywnym myślom w swojej głowie. Nigdy więcej nie myśl: „jestem głupi/-a" czy „nie mogę tego zrobić" czy „to dla mnie za trudne" itp. Zajmie to jakiś czas, ale da się to zrobić. Wszystkiego przecież można się nauczyć, a także oduczyć.

Za każdym razem, kiedy przychodzi Ci do głowy negatywna myśl, powiedz sobie:
„To przecież tylko myśl. A myśli można zmieniać."

Zastąp negatywne myśli pozytywnymi, np.: „zawsze mogę znaleźć rozwiązanie, jeśli się do tego przyłożę" lub „jestem w stanie nauczyć się, jak zrobić to, co chcę zrobić" albo „wcale nie muszę się zniechęcać, kiedy robi się trudniej".

Krok 5: Za każdym razem, kiedy czujesz, że stara „Baba Jaga" wychodzi z kąta, przypomnij sobie, że to, co czujesz, to tylko emocje związane z Twoimi przeszłymi doświadczeniami. To nic innego jak negatywne wspomnienia, które biorą górę nad teraźniejszością. Powiedz sobie: „Dosyć tego. Tworzę teraz dla siebie nowe, szczęśliwe wspomnienia. Stara „Baba Jaga" już nie może mnie dopaść, to już jest za mną. Oto nowy/-a ja: wystarczająco dobry/-a we wszystkim, co dla mnie ważne."

**NIGDY NIE REZYGNUJ Z SIEBIE
ORAZ Z PRAWA DO KOCHANIA I BYCIA KOCHANYM.**

**Miłość jest energią. Miłość nie osądza.
Jej piękny aspekt - Równość
pozwala nam być, kim jesteśmy,
bez kwestionowania naszej wartości.**

6. Duch Przeszłości

Lęk Przed Byciem Osamotnionym

**Gdy zgorzkniali się chowamy,
nie widząc nieba ni słońca,
wiernie trzyma nas za rękę
aż do samego końca.**

Myśl o byciu zupełnie samym na świecie jest przerażająca dla większości z nas. I chociaż „sam/-a" wcale nie oznacza „samotny/samotna", wiele osób wierzy w to, że jeśli będą się kogoś kurczowo trzymać, zagwarantuje im to w jakiś sposób poczucie bezpieczeństwa.

W konsekwencji wielu z nas ma tendencje do pospiesznego nawiązywania związków, nie mając pojęcia jak kochać lub jak stworzyć szczęśliwy związek. Powoduje to sytuację, w której albo często zmieniamy partnerów, nie będąc w stanie się ustatkować, albo pozostajemy w toksycznym, dysfunkcyjnym związku z jednym partnerem. Wypełniamy ten związek wzajemnymi żalami, obwinianiem się, walcząc ze sobą i próbując dominować, nie szanując się nawzajem, krytykując, poniżając lub nawet ubliżając.

Jednym słowem: nieszczęście w czystej postaci.

Poprzez różne historie, filmy i literaturę wpojono nam przekonanie, że tylko obecność drugiego człowieka w naszym życiu może pomóc nam zapełnić pustkę, jaką odczuwamy w środku i spowodować, że poczujemy się w pełni wartościowi. Mając wdrukowany taki właśnie wzorzec, tracimy pewność siebie, wierząc, że nigdy nie będziemy w pełni kompletni sami w sobie, jeśli nie znajdzie się na świecie inna osoba, która będzie nas postrzegać jako kogoś wartościowego i godnego jej uczucia i uwagi.

Podczas gdy przebywanie w szczęśliwym związku jest jedną z najpiękniejszych rzeczy, które mogą się człowiekowi przydarzyć, to jednak szukanie Miłości na siłę ze względu na wymienione powody jest czysto irracjonalne i prowadzi jedynie do rozczarowań i emocjonalnych ran.

Prawda jest taka, że nikt nie może uleczyć naszego niezadowolenia z samego siebie lub naszego życia. To my sami ponosimy odpowiedzialność za własne szczęście, a nasz partner nie powinien mieć za zadanie uszczęśliwienia nas. To nie jest jego/jej rola. Kiedy oczekujemy od naszych partnerów czegoś, czego wcale nie mogą nam dać, jesteśmy w takim związku nieszczęśliwi i staje się on problemem.

Zamiast pławić się w cieple Miłości, znajdujemy się na polu bitwy, walcząc z tą samą osobą, którą pragnęliśmy kochać.

A następnie, trzymając się za rękę z naszym Lękiem Przed Byciem Osamotnionym, albo polujemy na kolejną osobę, która ma stać się naszym „lekarstwem" na nieszczęście, albo tkwimy w toksycznym związku, wynajdując sobie przeróżne wymówki na przedłużanie naszego nieszczęścia, takie jak np. „teraz nie jest to dobry czas, by odejść" lub „robię to dla dzieci" albo „lepiej być z kimś niż z nikim".

Gdzie popełniliśmy błąd?

Odpowiedź jest prosta: zamiast stworzyć piękne warunki do dzielenia się energią Miłości, polowaliśmy na Miłość, żeby uniknąć samotności.

Aby mieć szczęśliwy, pełen Miłości związek, musimy nauczyć się, jak stać się kompletną całością sami w sobie. A następnie możemy podzielić się naszą całością z naszym partnerem, zamiast oczekiwać, że sprawi, że poczujemy się kompletni.

Nie musimy czuć się samotni, gdy jesteśmy sami.
Bycie samemu i samotność to dwie różne rzeczy.

Wiem, dla większości z nas nie jest łatwo dostrzec tu różnicę, ponieważ jesteśmy przyzwyczajeni do ciągłej potrzeby bycia czymś zaabsorbowanym, np. pracą, realizacją naszych marzeń, albo do wypełniania naszego wolnego czasu rozrywką w różnych postaciach, od telewizji/Internetu po imprezy towarzyskie, książki itp.

Będąc ludźmi, z jednej strony ciągle potrzebujemy Miłości i towarzystwa, a jednocześnie by móc ewoluować i rozwijać się w naszym dążeniu do stania się kompletną całością - musimy spędzać pewien czas sami, by dowiedzieć się, kim tak naprawdę jesteśmy i co chcemy dać od siebie światu. I nie jest to wcale paradoksalne. Jest to dla nas naturalne.

Pamiętajmy, że czujemy się osamotnieni tylko wtedy, gdy nie możemy odnaleźć w sobie poczucia szczęścia.

Zanim zdecydujesz się szukać Miłości lub jeśli jesteś już w związku, ale czujesz, że nie jesteś wystarczająco kochany/-a przez swojego partnera/współmałżonka - postaraj się zapewnić sobie to, czego emocjonalnie potrzebujesz, zamiast oczekiwać tego od tej drugiej osoby.

Zanim Patrick i ja zakochaliśmy się w sobie, byłam sama przez ładne kilka lat. Owszem, miałam wspaniałych przyjaciół, ale moje projekty pisarskie i filmowe zajmowały mi większość czasu. Bycie producentem i reżyserem filmowym - oprócz tego, że jest satysfakcjonujące, jest bardzo wymagające. Człowiek nie ma czasu czuć się osamotnionym i nie czuje potrzeby bycia w związku.

Kiedy najmniej się spodziewałem, że się w kimś zakocham, Patrick wkroczył w moje życie i znalazł drogę do mojego Serca. Żadne z nas nie szukało partnera, który by nas „dopełnił". Byliśmy dwojgiem ludzi, którzy sami w sobie byli już kompletną całością i postanowili podzielić się swoim życiem i szczęściem z tą drugą osobą.

Coś, co nasz połączyło, pięknie się rozwijało i w końcu nie było dla nas żadnej innej opcji, oprócz bycia razem i dzielenia się Miłością, która wzrastała w nas i pomiędzy nami.

Kiedy jesteśmy gotowi, aby zaprosić prawdziwą Miłość do naszego życia, dobrze jest pamiętać, że nasze wewnętrzne

szczęście jest dla nas „barometrem prawdy". Zawsze powie nam, co powinniśmy
wiedzieć: czy to, co czujemy, jest prawdziwe, czy też usilnie chcemy z kimś być, bo boimy się być sami.

**Prawdziwa Miłość nie może narodzić się z lęku.
To nie działa w ten sposób.**

**Kiedy jesteśmy gotowi na Miłość, ona nadchodzi.
Kiedy działamy pod wpływem Lęku, nadejdzie więcej Lęku.
I taka jest prawda.**

**Oto kilka prostych kroków, aby pozbyć się
nieproszonego gościa - Lęku Przed Byciem Osamotnionym:**

Krok 1: Stań się samowystarczalny/-a.

Aby odnaleźć szczęście w sobie, musimy najpierw stać się mniej zależnymi od innych i bardziej polegać na samym sobie. Dobrze tak robić bez względu na to, czy jesteśmy w związku, czy nie.

Spróbuj wykonywać pewne czynności samodzielnie, zanim poprosisz o pomoc lub zaangażowanie się w nie innej osoby. Na przykład jeżeli zwykle lubisz, by ktoś towarzyszył Ci, gdy idziesz na imprezę, do sklepu, do kina, na koncert, itp., spróbuj pójść tam sam/-a. Może to być ciekawe, by sprawdzić, jak będziesz się czuć, nawiązując kontakty z ludźmi lub jaką przyjemność będziesz odczuwać bez dzielenia się swoimi wrażeniami i myślami z inną osobą.

Krok 2: Odkrywaj nowe obszary zainteresowań.

Robienie rzeczy, których się jeszcze nigdy nie robiło, a przy tym robienie ich samemu - może być także bardzo ciekawe. Na początku może nie być to łatwe, zwłaszcza jeśli jest się ekstrawertykiem, pragnącym być wśród ludzi. Jednak im dłużej będziesz ćwiczyć angażowanie się w swoje zainteresowania samodzielnie, będzie Ci to przychodziło bez trudu.

Na świecie jest tyle rzeczy do odkrycia: sztuka, pisanie, gotowanie, taniec, gra na instrumencie, piesze wędrówki, zajmowanie się zwierzakiem lub ogrodem, podróże. Możliwości są nieskończone. Musisz tylko dokonać wyboru.

Krok 3: Zacznij budować tolerancję na bycie „sam na sam ze sobą" i naucz się tym cieszyć.
Zacznij od prostych czynności takich jak chodzenie na spacery, wychodzenie do restauracji, na zakupy lub zwiedzanie innych

części miasta, w którym mieszkasz. Unikaj picia alkoholu lub używania innych substancji pobudzających, by radzić sobie ze swoimi nastrojami. Pamiętaj, że uciekanie od własnych emocji w ten sposób spowoduje tylko jeszcze więcej lęków. Przypominaj sobie ciągle, że bycie samemu i bycie samotnym to dwie różne rzeczy.

Krok 4: Troszcz się o siebie i rozpieszczaj się.

Bycie samemu daje ci wspaniałą możliwość skierowania całej swojej uwagi na siebie. Rozpieszczaj się zdrowymi, smacznymi posiłkami. Unikaj objadania się słodyczami, gdyż po pierwszej fazie działania pozytywnego, spowoduje to nagły spadek poziomu cukru we krwi - co objawia się chandrą lub nawet uczuciem depresji. I zaczyna się wtedy „efekt jo-jo": zajadanie się słodyczami, a potem chandra. I tak w kółko. Zamiast tego słuchaj muzyki, relaksując się w swoim ulubionym fotelu lub biorąc długą kąpiel w pianie. Kup sobie kwiaty lub bilet na mecz czy koncert (idź tam sam/-a). Rób to, czego tylko pragniesz, traktując się jak Królową lub Króla (którą/którym jesteś) - oczywiście bez czynienia swemu zdrowiu jakiejś szkody lub stwarzania dla siebie jakiegoś zagrożenia.

**Jesteś piękną, unikalną ludzką istotą
i zasługujesz na to, co najlepsze!**

Krok 5: Staraj się być bardziej pozytywny/-a.

Tak, możesz to zrobić. Za każdym razem, kiedy negatywna myśl przyjdzie Ci do głowy, powiedz jej: Stop! - i zastąp ją pozytywną myślą. Twoje myśli są TWOIMI myślami. Możesz z nimi zrobić, co zechcesz.

Krok 6: Staraj się być aktywny/-a fizycznie.

Zamiast jedzenia słodyczy, które powodują jedynie ochotę na jeszcze więcej cukru i prowadzą do depresji - podnoś swój poziom serotoniny za pomocą ćwiczeń. Nasze ciała skonstruowane są tak, że aby były sprawne i zdrowe muszą się poruszać. Łatwo jest zapomnieć o tym w zaciszu naszego domu, ale bez odpowiedniej ilości ruchu nasze ciała mogą nas zawodzić - a to nigdy nie będzie ich winą.

Najlepszym sposobem na podniesienie poziomu serotoniny jest krótka 5-10 minutowa aktywność, która powoduje lekką zadyszkę lub spocenie się np. bieganie, jazda na rowerze, taniec. Włącz swoją ulubioną muzykę i tańcz przez dobre 5-10 minut. Uszczęśliwi Cię to bardziej niż myślisz. Nie stosuj jednak intensywnych, wyczerpujących ćwiczeń w celu utraty wagi, gdyż nie tylko odzyskasz ją ponownie, ale także obniżysz poziom hormonów w organizmie, prowadząc do jeszcze większego przybrania na wadze. Intensywne ćwiczenia służą innym celom, takim jak budowanie tkanki mięśniowej.

Krok 7: Dowiedz się, kim jesteś i znajdź w sobie swój głębszy cel.

Niezależnie od tego, co jest dla Ciebie najważniejsze, bez względu na to, co uważasz za najcenniejsze w swoim życiu - znajdź jakieś sposoby na to, by mieć w to swój wkład. Życiowy cel może oznaczać różne rzeczy dla różnych ludzi. Dla niektórych kariera wychodzi na prowadzenie w życiu, dla innych będą to wartości rodzinne lub duchowość, a dla jeszcze innych zmiany społeczne lub pomaganie innym. Cokolwiek porusza Cię na głębszym poziomie, może być warte sprawdzenia. Zajrzyj w głąb swojego Serca i sprawdź, co tam się w nim ukrywa. Nie obawiaj się swojego Serca. Nigdy nie może być samotnym, gdy wypełnisz go jakimś celem i otworzysz się na Miłość.

Jednym z największych Sekretów Miłości jest to, że kiedy wiesz, jak być szczęśliwym samemu, wiesz, jak być szczęśliwym z drugą osobą.

7. Duch Przeszłości

Lęk Przed Porażką

Jest ekspertem w przywoływaniu odpowiednich zdarzeń, które skutecznie nam pomogą pozbyć się wszelkich marzeń.

Jednym z najczęściej spotykanych, paraliżujących lęków w życiu dla wielu z nas jest lęk przed niepowodzeniem naszych zamierzeń. Często, z powodu tego lęku, nawet nie podejmujemy żadnych prób. Wolimy zaprzepaścić nasze marzenia, wolimy zrezygnować z zaspokojenia naszej głębokiej potrzeby szczęścia niż stawić czoła przerażającemu Lękowi przed Porażką.

Wielu z nas doświadczyło jakieś sytuacji, w taki czy inny sposób, kiedy to postanowiliśmy nawet nie próbować lub wycofaliśmy się rozczarowani, wierząc, że jesteśmy skazani na niepowodzenie.

Być może pamiętamy czasy, kiedy sabotowaliśmy nasze własne wysiłki, poddając się i zadawalając się czymś mniej pożądanym w chwili, gdy nadszedł czas, aby ruszyć naprzód - ponieważ wszystko, co zaprzątało nam umysł, to nasze wielkie „nieuniknione fiasko". Wmówiliśmy więc sobie, że lepiej pozostać tam, gdzie jesteśmy.

I tak zrobiliśmy. Nie ruszyliśmy do przodu, a dziś możemy się po cichu zastanawiać nad tym, co by się stało, gdybyśmy jednak zrobili inaczej i co by było, gdyby nam się udało.

Lęk Przed Porażką jest odpowiedzialny za wiele nieudanych związków. Jest mistrzem samo-sabotowania.

Ten Duch Przeszłości może stać się w każdej chwili naszą utrapioną zmorą.

Nawet jeśli uważamy, że mamy wszystko pod kontrolą - że wszystko zostało przez nas sprawdzone, że mamy gotowy plan działania, i wystarczy teraz zrobić ten pierwszy krok - a tu nagle - stop. Lęk Przed Porażką może nam podstawić naszą własną nogę, popchnąć do tyłu i trzymać w niewoli tak długo, jak mu na to pozwolimy.

Zwracaj uwagę na takie objawy jak: ociąganie się, odwlekanie, odkładanie rzeczy na później, perfekcjonizm (nie zaczniesz czegoś robić, dopóki nie będziesz mieć pewności, że jesteś w stanie zrobić to z pełnym sukcesem i perfekcją), sabotowanie samego siebie (nie realizujesz celów, zawsze znajdując na to jakieś usprawiedliwienie), mówienie i myślenie o sobie w negatywny sposób (niska samoocena), poddawanie się przedłużającemu się Lękowi Przed Zmianami itp.

Kiedy odkryjemy, że Lęk Przed Porażką wprosił się do naszego związku - dobrze jest pamiętać o jednej rzeczy: wszystko zależy od punktu widzenia. To, co przeraża nas w umyśle, w rzeczywistości może nie być takie straszne.

Jak pozbyć się Lęku Przed Porażką:

Krok 1: Ważne jest, żeby zrozumieć i zaakceptować fakt, że własną percepcję można zmienić. Wszyscy znamy smak porażki. Doznaliśmy wielu porażek, na przykład kiedy uczyliśmy się chodzić. Ale nie powstrzymało nas to przed chodzeniem. To samo z jazdą na rowerze, pływaniem, mówieniem, czytaniem, pisaniem, gotowaniem itd. Zanim nauczyliśmy się dobrze coś robić, niejednokrotnie ponieśliśmy porażkę. A jednak w końcu nam się udało.

Krok 2: Zauważ i zaakceptuj fakt, że niepowodzenie nie jest niczym złym. Jest po prostu drugą stroną monety zwanej „sukcesem". Kiedy rzucasz monetą, upada na jedną stronę. Jeśli nie podoba Ci się, jak upadła, możesz rzucić nią ponownie.

Możesz rzucać nią tyle razy, ile chcesz, dopóki nie upadnie tak, jak chcesz.

PORAŻKA TO TYLKO KOLEJNY KROK DO SUKCESU.

Osiągnięcie tego, co chcesz, wymaga jedynie Twojego wysiłku, wytrwałości i decyzji.

Krok 3: Zauważ, że zawsze jest na świecie ktoś taki, kto już dokonał tego, o czym Ty akurat marzysz. A to oznacza, że da się to zrobić. Skoro zrobił to jakiś człowiek, i Ty możesz to zrobić.

A nawet jeśli uważasz, że coś, co próbujesz zrobić, nigdy wcześniej nie zostało zrobione - pamiętaj: zawsze były, są i będą takie sytuacje, w których ktoś - człowiek jak Ty - robi coś po raz pierwszy.

No właśnie - „pierwszy raz" też już był wielokrotnie przerabiany!

Krok 4: Uzmysłów sobie, że Lęk przed Porażką powstrzymuje Cię przed pełnym, szczęśliwym doświadczaniem życia. Porozmawiaj o swoim lęku ze swoimi przyjaciółmi lub - jeśli jesteś w związku - ze swoim partnerem/współmałżonkiem. Nie obawiaj się przyznać, że masz taki lęk. Nazwanie tego po imieniu jest połową sukcesu. Wszystko czego poza tym potrzebujesz, to odrobina wsparcia i odwagi.

Krok 5: Zacznij od małych kroczków. Pozwól sobie realizować je z sukcesem. Wiemy już przecież, że duże kroki składają się z wielu małych kroczków. Skorzystaj z każdej pomocy, jaką możesz znaleźć, by podnosić swoją samoocenę i - ruszaj do przodu. Twoje szczęśliwe życie już na Ciebie czeka. Twój szczęśliwy związek już może wyglądać zza węgła. Możesz i potrafisz osiągnąć to, czego chcesz. Jesteś niesamowitym człowiekiem.

**Twój Lęk Przed Porażką nie jest w stanie pokonać Twojej odwagi.
Nie jest skonstruowany tak, aby wygrać;
wie tylko, jak zawieść.**

***

Nasze emocjonalne rany mogą z łatwością sabotować nasz związek lub nasze próby bycia w związku. Ale jeśli spojrzymy prosto w oczy naszym Duchom Przeszłości - zorientujemy się, że potrafią tylko głośno „wyć i zgrzytać zębami", ponieważ nie mają nad nami żadnej mocy, oprócz tej, jaką im dajemy.

Musimy upewnić się, że zarówno nasz partner/małżonek, jak i my sami rozumiemy, że jesteśmy oboje równie odpowiedzialni za szczęście naszego związku. Lub raczej - jak już wcześniej było to powiedziane - że oboje mamy przywilej wypełnienia naszego związku Miłością i szczęściem.

Najbardziej udane związki to te, w których obie osoby znalazły w sobie samych całą Miłość, jakiej potrzebują. Kiedy jesteśmy wypełnieni radością życia, kiedy jesteśmy w stanie zaakceptować siebie takimi, jakimi jesteśmy i cieszyć się naszym rozwojem - nie musimy być przez kogoś kochani, aby czuć się dobrze na swój temat. Zamiast tego mamy potrzebę DZIELENIA SIĘ Miłością, która jest w nas.

I to jest najlepsze, co możemy zrobić, jeśli chcemy udanego, prawdziwie szczęśliwego związku.

Oczywiście radzenie sobie z naszym wewnętrznym negatywnym zaprogramowaniem nie zawsze jest łatwe. Myśli, które mogą wyrządzić najwięcej szkód w naszym życiu i związku często są tymi, których nie jesteśmy świadomi. Rodzą się takie myśli w naszej podświadomości. A ponieważ nasza podświadomość odpowiada za 90% naszych zachowań, reakcji, emocji i przekonań - mamy tendencję do myślenia i działania na automatycznym pilocie.

Są jednak na to sposoby, jeśli sięgniemy po odpowiednie narzędzia. Praktykowanie pozytywnego myślenia spowoduje stopniowe przekształcanie naszych wewnętrznych przekonań, zastępując nasze podświadome negatywne zaprogramowanie tym, co przyniesie nam korzyść.

W mojej książce „365 (+1) Afirmacji Pięknego Życia" pokazuję czytelnikom, jak to zrobić i podaję im gotowy łatwy program, prowadzący ich krok po kroku ku poprawie dowolnej sytuacji życiowej. Jest on skonstruowany w sposób, który jest harmonijny z tak zwaną „plastycznością mózgu", przy użyciu wysoce skutecznych technik afirmacji, pozwalających na ciągłą, stopniową rekonstrukcję podświadomych przekonań. Wyobraź sobie to jako ścieżkę przez łąkę lub trawnik. Im częściej podążasz taką ścieżką, im częściej powtarzasz pozytywne afirmacje, tym większa i klarowna staje się dana ścieżka neuronalna w Twoim mózgu i tym łatwiej Twoja podświadomość współpracuje z Tobą i Twoją wolą.

Jak wspomniałam wcześniej, potrzeba około sześciu tygodni stosowania codziennej rutyny, aby zmienić nasze podświadome wzorce.

A jeśli będziemy to robić przez całe sześć miesięcy, nowy sposób postrzegania i myślenia stanie się naszym stylem życia. Warto pamiętać także, że kiedy jesteśmy w stanie głębokiej relaksacji (np. w medytacji), nasza podświadomość przeprogramowuje się o wiele łatwiej. Dlatego też nagrałam kilka MP3, których można słuchać w stanie głębokiej relaksacji, podczas gdy ja prowadzę słuchaczy przez program przeprogramowania ich podświadomości. (Tytuły niektórych z moich płyt wymienione są na końcu tej książki.) Te czy inne podobne narzędzia są bardzo skuteczne i można znaleźć to, co będzie odpowiadać Twoim preferencjom i potrzebom.

Sekret 9

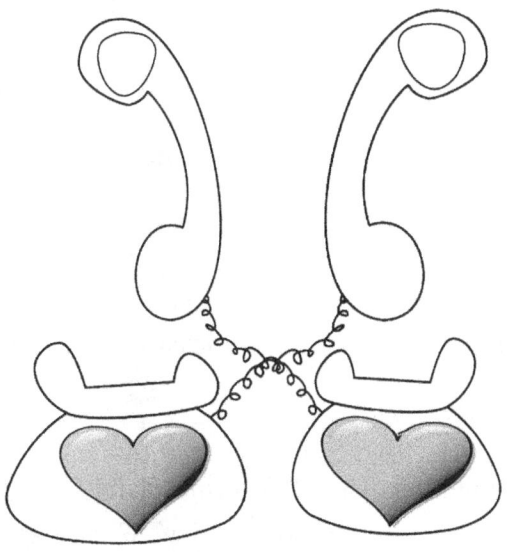

Dobry Kontakt
I Porozumienie W Związku

Nadajniki I Odbiorniki:

„Ty mówisz to, a ja tamto"
a „Oboje mówimy to samo".

"*Nikt nie jest doskonały*". Możemy się z takim stwierdzeniem zgodzić.

„*Nikt nie wie wszystkiego.*" Możemy się również z tym zgodzić.

„*Mogę cię przejrzeć na wylot.*" Może. Może nie.

„*Wiem to lepiej od ciebie.*" Być może, a może nie.

„*Nie próbuj mnie oszukać! Wiem, o czym myślisz!*" To stwierdzenie jest naprawdę trudne do zaakceptowania.

Dlaczego się komunikujemy? Głównie dlatego, że chcemy się co do czegoś z kimś w jakiś sposób zgodzić. Niezależnie od tego, czy chodzi o jakąś informację, którą chcielibyśmy otrzymać, czy też jest coś, czym pragniemy się podzielić - w efekcie końcowym - chcemy się z daną osobą w jakiś sposób zgodzić co do wartości tego, o czym mowa.

Komunikowanie może odbywać się przy pomocy słów (wypowiadanych, zapisanych lub nagranych), działania, gestów oraz wyrażania emocji lub wszelkiego rodzaju wizualnych bądź dźwiękowych efektów. Sposób, w jaki komunikujemy nasze przesłanie jest tak samo ważny jak to, co komunikujemy. Sposób, w jaki przekazujemy lub odbieramy informację może być wiadomością samą w sobie i może zdecydowanie wpłynąć na wynik naszej komunikacji.

Jednym z największych Sekretów Miłości jest to, aby wiedzieć,

jak komunikować się w zgodzie z energią Miłości.

Niewiele osób wie, jak komunikować się w taki sposób, ponieważ nie ma zbyt wiele dostępnych informacji na temat pielęgnowania prawdziwej Miłości. Często komunikacja w związku sprowadza się do wymiany „ogłoszeń" o naszych oczekiwaniach i potrzebach w odniesieniu do „powinności" wobec siebie nawzajem. Dzieje się tak z powodu tego, jak zostaliśmy zaprogramowani w dzieciństwie i wczesnej młodości. Sposób, w jaki nasi opiekunowie/środowisko nas traktowali - był w dużej mierze wynikiem ich własnego zaprogramowania nastawionego na spełnianie woli lub silnego wyrażania własnych opinii i poglądów.

Chociaż ważne jest, aby druga osoba wiedziała, co dzieje się w naszym świecie, komunikacja w kochającym się związku nie polega na wymianie „ogłoszeń". Aby mieć ze sobą dobre porozumienie, trzeba mieć ze sobą prawdziwy kontakt. Dwa „nadajniki" ustawione naprzeciw siebie, nie będą w stanie mieć ze sobą łączności. Aby naprawdę móc się komunikować - musimy stać się także „odbiornikami". Jeśli nie ma odbioru - nie ma połączenia. Jeśli nie ma połączenia, nie ma więzi ani szczęśliwego związku. I taka jest prawda.

W związku opartym na prawdziwej Miłości, dobra komunikacja staje się doskonałym narzędziem wyrażania Miłości i dzielenia się jej energią. Pozwala to nam być w zgodzie z wszystkimi aspektami Miłości: Radością, Przychylnością / Akceptacją, Pokorą, Równością, Poddaniem, Równowagą i Pojednaniem.

Oto, jak to działa:

Radość z celebrowania życia razem i Akceptacja siebie nawzajem prowadzi do Pokory, z którą szanujemy prawdę drugiej osoby i nie postrzegamy żadnej z naszych potrzeb jako ważniejszej niż jej/jego potrzeby. Równość w dzieleniu się przywilejami dbania o nasz związek prowadzi do Poddania się energii miłości, która uczy nas, że musi istnieć Równowaga pomiędzy spełnianiem naszych własnych pragnień, jak i pragnień naszego partnera/małżonka. Takie Poddanie się Miłości oznacza prawdziwe Pojednanie z Miłością.

I tutaj dochodzimy do bardzo ważnej sprawy: aspekty Miłości nie będą obecne w naszej komunikacji, jeśli pozwolimy, aby nasze Duchy Przeszłości opanowały nasz związek. Kiedy tak się dzieje, będziemy się tylko ranić i drażnić nawzajem, reagując przy tym w sposób automatyczny jak roboty. Każde z nas staje się „nadajnikiem" bez możliwości odbioru.

Jakie jest na to lekarstwo?

Pozostać uważnym. Być świadomym swoich Cieni i monitorować swoje reakcje.

To wymaga trochę pracy, ale pomaga nam się uzdrowić. A uleczenie naszych emocjonalnych ran jest nieodzownym etapem w naszym rozwoju. Uzdrawianie siebie wymaga uważności. Komunikowanie się ze sobą w sposób zgodny z energią Miłości także wymaga uważności. Uważna komunikacja to doskonała metoda na zapoczątkowanie leczenia ran emocjonalnych przez obie osoby w związku.

Trzeba pamiętać, że za niszczącą negatywną energią Cieni można odnaleźć olbrzymie pokłady pięknej energii Miłości, do których można się przebić.

Za każdym Cieniem kryje się tęsknota za światłem Miłości.

Kiedy będziemy gotowi na prawdziwą Miłość, prędzej czy później odkryjemy, że najłatwiej ją znaleźć wtedy, kiedy po prostu zaufamy jej mocy. Miłość ma taką moc, że potrafi nas odnaleźć i poprowadzić tam, gdzie czeka na nas szczęście. Jej moc pokonuje wszystko, co stoi na jej drodze.

Nie ma potrzeby, aby chroniły nas Cienie, gdy zastąpimy energią Miłości nasze lęki, gniew i smutek.

Wśród Patricka i moich znajomych jest małżeństwo, którego związek bardzo kuleje. Niestety to smutne, ale wszyscy wiemy, jak wiele jest wokół przykładów złamanych serc. Takie historie uświadamiają nam, jak łatwo zrywają się więzi budowane w najgłębszej nadziei, jeśli nie rozumiemy natury Miłości. Można się też z nich wiele nauczyć na temat naszej ludzkiej natury i tego, co moglibyśmy poprawić w naszym własnym związku.

Dwoje ludzi, o których teraz mówimy, nazwijmy ich Marią i Henrykiem, żyje obok siebie dwoma osobnymi życiami, zamieszkując pod jednym dachem w domu, który kupili przed rokiem. Kiedy zbliżały się urodziny Marii, postanowiła ona zaprosić przyjaciół na urodzinową kolację. Zaproszenie to nie objęło jej małżonka. Podczas gdy Maria bawiła się na kolacji z przyjaciółmi, Henryk poszedł do kina w towarzystwie kogoś innego. Kobiety, z którą zaczął się niedawno spotykać. Zarówno Patrick, jak i ja czujemy, że ani Maria, ani Henryk nie byli w stanie tak naprawdę cieszyć się tym dniem.

Pominięcie małżonka na liście osób zaproszonych na przyjęcie urodzinowe jest głośnym komunikatem Marii, która w ten sposób wyraziła to, że jest głęboko zraniona. Każdy, kto zna tę parę, pamięta ich takich, jacy byli jeszcze nie tak dawno: lubili bawić się razem i regularnie spotykali się w restauracji ze znajomi. Ale teraz już tak nie jest. Nie dzielą już ze sobą ważnych chwil w życiu, a wkrótce może w ogóle przestaną dzielić ze sobą życie.

Pomimo tego, jak urocza i towarzyska była kiedyś ta para, już wtedy zauważyliśmy, że nie komunikują się dobrze ze sobą. Chociaż nie znamy wszystkich szczegółów wydarzeń, które bezpośrednio przyczyniły się do ich sytuacji, jednak uważamy, że główną przyczyną niepowodzenia ich związku był brak umiejętnej komunikacji. Kiedy ludzie nie komunikują się dobrze ze sobą, może to zablokować przepływ pozytywnej energii między nimi. A gdzie nie ma takiego przepływu - więź pomiędzy ludźmi stopniowo się osłabia, a potem rozpada.

To, co wydarzyło się w życiu Marii i Henryka było zręcznie uknutym planem ich podświadomych Cieni, które sprawiły, że spotkali się jedynie po to, by wejść ze sobą w nieudany związek i potwierdzić swoje najgłębsze obawy, że zostaną oszukani/zdradzeni przez Miłość. Co więcej, udowodnili sobie samym, że nie zasługują na szczęście i że uczucie smutku, gniewu i bólu jest ich udziałem w życiu. W trakcie wypełniania planu wypracowanego przez ich Cienie, para się ze sobą nie komunikowała. Funkcjonowali jak dwa „nadajniki", „nadające" jedynie na swój temat, podczas gdy żadne z nich nie było w stanie przestawić się na odbiór. A ponieważ oboje pragnęli być usłyszeni, zaczęli „nadawać" coraz głośniej - mając nadzieję, że to pomoże. Możliwe, że próbowali zwrócić na siebie uwagę początkowo tylko się spierając ze sobą. A ponieważ to nie zadziałało - najwyraźniej wprowadzili inne metody komunikacji, na przykład to, że Maria zaczęła zaniedbywać swojego męża, podczas gdy on zaczął ją zdradzać.

Zaniedbywanie lub oszukiwanie/zdrada - to kolejne sposoby

komunikowania, że coś jest naprawdę źle. Zwykle dzieje się tak dlatego, że niektóre wcześniejsze problemy w związku nie zostały rozwiązane z powodu braku dobrego porozumienia. Gorycz i złość przejmują kontrolę, po czym zazwyczaj jedna lub niekiedy obie zaangażowane osoby rozpoczynają działania, które ranią ich współmałżonków oraz powodują dalsze problemy. Tak też się stało w przypadku Marii i Henryka, ponieważ nie byli oni w stanie poradzić sobie z wewnętrznymi Cieniami, ani nawet o nich porozmawiać. A może nie czuli, że zostali wysłuchani, kiedy próbowali coś o swoich emocjonalnych ranach powiedzieć.

Brak dwukierunkowej (przekazywania i odbierania informacji) oraz pełnej Miłości i troskliwości komunikacji powoduje, że najlepsze nawet intencje zostają zaprzepaszczone.

Kiedy ludzie wchodzą w związek, na ogół zamierzają być w nim szczęśliwi. Dobra komunikacja pomaga im uzyskać dostęp do energii Miłości oraz dzielenia się nią. Komunikacja jednokierunkowa (transmisja) prowadzi donikąd. To tylko hałas. Taki hałas w stylu „Ty mówisz to, a ja tamto" może łatwo zagłuszyć pełne miłości „My" wyszeptane przez naszą Radość. A ponieważ Radość otwiera drzwi do naszego Serca, Miłość nie może zagościć tam, gdzie nie ma Radości.

Mów - słuchaj. Słuchaj - mów.

Bycie jednocześnie „nadajnikiem i odbiornikiem", słuchanie bez przerywania, gdy druga osoba czymś się z nami dzieli - jest najlepszym sposobem na zapewnienie dobrej komunikacji. Patrick i ja przestrzegamy takiej zasady: kiedy jest coś ważnego do omówienia, mówimy i słuchamy na zmianę. Pozwalamy tej drugiej osobie powiedzieć to, co chce i potrzebuje powiedzieć.

Potwierdzamy, że usłyszeliśmy wszystko dokładnie, a potem jest nasza kolej, by mówić i zostać usłyszanym. W ten sposób utrzymujemy w naszych rozmowach dwustronną komunikację, a także pomaga nam to upewnić się, że nasza dyskusja nie stanie się niepotrzebną sprzeczką.

Kolejnym ważnym elementem komunikacji pełnej Miłości jest przetwarzanie otrzymywanych informacji.

Są takie chwile, kiedy Patrick i ja w czymś się nie zgadzamy. Jednak już dawno temu uzgodniliśmy, że w takich sytuacjach musimy zachować szacunek nie tylko wobec poglądów drugiej osoby, ale także starać się zrozumieć, skąd one pochodzą. W końcu jej punkt widzenia może pomóc nam w poszerzeniu naszych horyzontów oraz wyostrzeniu naszej percepcji. Aby przetworzyć informacje, z którymi się nie zgadzamy - potrzebujemy na to więcej czasu. I to jest w porządku. Miłość nie tylko jest wyrozumiała, ale także cierpliwa. Nic na świecie nie może być ważniejsze od wzajemnego szacunku i wsparcia w naszym związku - jeśli chcemy, aby był szczęśliwy i w pełni udany.

Z całego serca polecam ćwiczenie takich umiejętności. Mogą pomóc Ci zachować wrażliwość i otwartość. Ponadto kiedy opanujemy pierwszy poziom dobrej komunikacji - uważność - zabawa zaczyna się naprawdę. Możemy wtedy bawić się w dowolny sposób za pomocą słów, gestów i działania, aby dodać więcej przyjemności do naszego codziennego życia. Z dnia na dzień nasz związek może być świetną zabawą!

Podzieliłam się już z Tobą wcześniej naszym Sekretem pisania krótkich liścików miłosnych, które Patrick i ja zostawiamy sobie w najbardziej niespodziewanych miejscach. Mówiłam też o naszym małym rytuale „na do widzenia", który uwielbiamy przeprowadzać przy drzwiach wejściowych. Są to niektóre ze sposobów, które zapewniają nam dobrą komunikację, dając tej drugiej osobie jasno do zrozumienia, że sprawia nam przyjemność troszczenie się o nią, i że możemy się przy tym dobrze bawić. Poza tym zawsze znajdujemy coraz więcej nowych sposobów na świętowanie i oznajmianie naszej Miłości.

W ostatnim rozdziale tej książki („Na Deser") można znaleźć przykłady, które mogą zainspirować Cię do stworzenia własnego stylu komunikacji pełnej Miłości, jaki będzie najlepiej pasował Wam obojgu.

Są ludzie, którzy znajdują przyjemność w rzucaniu sobie nawzajem wyzwań, by robić rzeczy, których inaczej nigdy by nie spróbowali. Niektórzy okazują swoją Miłość przejmując pewne obowiązki, których ich partner/małżonek nie lubi wykonywać, podczas gdy oni nie mają nic przeciwko temu. Są pary, które uwielbiają obsypywać się nawzajem drobnymi podarunkami bez żadnego powodu, podczas gdy inne wprowadzają swoich partnerów w podziw starannie dobranymi, wyszukanymi prezentami na rocznice lub święta. Są pary, które lubią robić sobie nawzajem jakieś miłe niespodzianki, i są tacy, którzy wolą usiąść razem z filiżanką gorącego kakao w ręku - i marzyć sobie wspólnie o tym, co chcieliby razem zbudować w swoim życiu. To, jaki jest styl komunikacji, który rozwijasz w związku, zależy wyłącznie od Ciebie. Pamiętaj jednak, abyście komunikowali się regularnie. Najważniejszą rzeczą jest bycie razem, umacnianie więzi, jaka Was łączy i dzielenie się energią Miłością.

Kiedy patrzymy na nasz związek ze zrozumieniem, że wszystko, co robimy, mówimy lub wyrażamy - JEST komunikacją, pozostajemy świadomi tego, jak wpływa to na to,

co dzieje się w naszym związku.

Kiedy coś idzie nie tak - nigdy nie jest to winą tylko jednej osoby. Jest to wynikiem tego, jak się komunikujemy, albo braku komunikacji. Nic nie dzieje się nie wiedzieć czemu. Miłość nie jest ślepa, a czyniący szkody „słoń" w naszym domu ujawnia się na długo przedtem, zanim zdarzy się coś bolesnego.

Maria i Henryk być może już zrezygnowali ze swojego związku, a może po prostu nie wiedzą, co teraz zrobić, jak wydostać się z miejsca, w którym utknęli. Łatwo można wpaść w pułapkę utrwalania emocjonalnego bólu, nie będąc w stanie znaleźć rozsądnego rozwiązania. Kiedy sprawy zajdą tak daleko, ale w środku mamy jeszcze trochę nadziei - najlepiej jest znaleźć kogoś, kto pomoże nam się porozumieć. Osobiście w takiej sytuacji nie korzystałabym z porad przyjaciół lub rodziny, którzy na pewno mają dobre intencje, ale nie potrafią w pełni ocenić całej sprawy. Istnieją odpowiedni terapeuci zajmujący się problemami w związkach, którzy nie tylko mogą pozostać obiektywni, ale mogą również zapewnić nam znacznie lepszą, profesjonalną pomoc.

Kiedy widzimy, że nasi przyjaciele cierpią, że są zranieni, naturalnie staramy się im pomóc. Jest to naturalny, ludzki odruch. Mamy tendencję do myślenia, że wiemy, co się dzieje w ich związku i zapominamy wziąć pod uwagę fakt, że wiemy tylko tyle, co odnosi się do tego, co jest w nas samych. Możemy łatwo przenosić na naszych przyjaciół w tarapatach nasze własne wewnętrzne potrzeby i pragnienia, a nie mieć przy tym wyraźnego obrazu tego, z jakim problemem naprawdę się borykają. Doradzenie im w takiej sytuacji, aby poszukali profesjonalnej pomocy, jest naprawdę najlepszą rzeczą, jaką możemy dla nich zrobić - oprócz wspierania ich w ciężkich dla nich momentach. I bardzo ważne jest, abyśmy im to wyraźnie zakomunikowali, gdy szukają naszej porady.

Tak jak nie ma dwóch identycznych osobników na świecie (bliźniaki lub trojaczki też nigdy nie są identyczne, wbrew nazwie) - nie ma też dwóch takich samych związków. Każdy związek jest inny i piękny na swój sposób. Tworzymy go dzień po dniu. Staje się on dziełem naszego wspólnego życia i to my nadajemy mu barwy. Kiedy w pełni zrozumiemy, jak pięknym możemy go uczynić, nasze Serca podpowiedzą nam, jakie są najlepsze sposoby, aby tak się stało.

Wszystko zaczyna się od intencji, jaka powstała w naszym Sercu i wszystko wraca tam, gdzie się rozpoczęło. To nasza wewnętrzna, prawdziwa istota wie najlepiej, jaka jest nasza własna prawda.

Kiedy zaczynamy komunikować naszą prawdę w związku, każde z nas na swój sposób, a jednocześnie razem w harmonii z Miłością, wtedy „Ty mówisz to, a ja tamto" zmienia się w „Oboje mówimy to samo" - bez zbytniego wysiłku.

Sekret 10

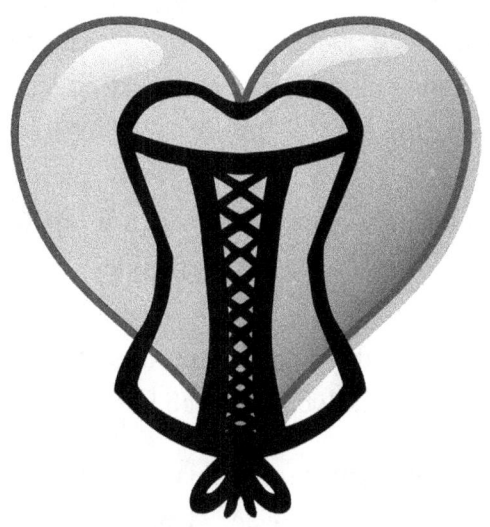

Seks i Intymność

Uczta Emocji i Zmysłów: Przygotowanie, Gotowanie i Konsumpcja

Nasyć się, ale pozostań głodnym.

„Kocham Cię."

„Pragnę Cię."

„Kocham i pragnę Cię."

Pomimo, że większość z nas wie, na czym polega seks, niektórzy z nas mogą nie być w pełni zaznajomieni z intymnością. Chociaż słowo „intymność" może być czasem używane w odniesieniu do relacji seksualnych, jego pierwotne znaczenie oznacza otwartość, bliskość, poufałość i wzajemną wrażliwość. Intymność może być częścią bliskiej relacji pomiędzy przyjaciółmi, partnerami/współmałżonkami lub rodziną. Może odnosić się zarówno do pojedynczej interakcji między dwoma osobami lub do długotrwałych zażyłych kontaktów pełnych ciepła.

Ponieważ intymność wymaga zaufania i otwarcia, niektórzy ludzie mogą się jej bardzo obawiać. Unikanie intymności może prowadzić do wycofania się ze związku, gdy sprawy stają się „zbyt poważne", to znaczy, gdy ludzie się do siebie zbliżają. Są też takie osoby, które unikają jakichkolwiek bliskich związków. Obawa przed intymnością przekłada się na lęk przed byciem zranionym emocjonalnie (była o nim mowa w Sekrecie 8.) i może być zakorzeniona w bolesnych doświadczeniach z przeszłości, takich jak brak okazywania dziecku Miłości przez rodziców, bycie porzuconym lub zdradzonym przez ukochanego partnera/małżonka wtedy, kiedy naprawdę się otworzyliśmy, będąc ufnymi i podatnymi na zranienie.

Większość z nas słyszała o kimś, albo zna kogoś takiego, kto wyraża swoje pragnienie przeżycia prawdziwej Miłości, ale unika przy tym zaangażowania. Tacy ludzie często mówią, że chcieliby być w szczęśliwym związku, a pomimo to spędzają życie samotnie. Oczywiście nie ma nic złego w byciu samemu. Jednak bycie samemu, ponieważ nasz styl życia w pełni wspiera i wyraża to, kim jesteśmy, a bycie samemu z powodu swoich lęków - to dwie różne rzeczy. Ważne jest, aby być świadomym, jakie są powody naszej sytuacji życiowej. Jeśli naprawdę chcemy doświadczyć i dzielić się energią Miłości, ale jednocześnie boimy się jej, musimy zajrzeć głęboko do środka. Musimy poradzić sobie z naszymi Duchami Przeszłości, które uśmiechają się do nas nieszczerym uśmiechem, obnażając przy tym ostre zęby i odstraszając nimi każdą osobę, z którą moglibyśmy doświadczyć prawdziwej Miłości.

Są narzędzia, które mogą nam pomóc poradzić sobie z naszymi wewnętrznymi obawami, a także są ludzie, którzy mogą poprowadzić nas przez proces samoleczenia. Ponieważ lęk przed intymnością jest dość powszechny w dzisiejszym społeczeństwie, jest wielu wysoko wykwalifikowanych terapeutów, którzy specjalizują się w rozwiązywaniu tego problemu.

Prawdziwa intymność w związku oznacza, że jesteśmy w stanie w pełni otworzyć się przed sobą nawzajem, będąc przy tym prawdziwym sobą.

To nie dzieje się z dnia na dzień. Tak, osoby w nowych związkach także mogą przeżywać cudownie intymne chwile, ale utrzymanie intymności długoterminowo wymaga budowania wzajemnego zaufania. Ponieważ zaufanie jest łatwiej stracić niż je zbudować - z tego powodu każdy związek może stać się bardzo intymny lub pozbawiony intymności w jakimkolwiek momencie.

Intymność to taniec, który rozwija się krok po kroku. A wiadomo, że każdy krok można wykonać do przodu lub do tyłu.

W pełnym Miłości związku oczywiście chcemy iść naprzód. Kiedy czujemy i dzielimy się energią Miłości - ciągle chcemy doświadczać jej coraz więcej. Odwrót nie jest dobrym uczuciem. Podczas gdy nasz związek rozwija się i zmienia, co jest naturalną koleją rzeczy - czasami musimy jednak cofnąć się o krok. Możemy na przykład zechcieć przyjrzeć się bliżej temu, czego jeszcze w pełni nie przepracowaliśmy, żeby móc sobie lepiej z tym poradzić lub coś rozwiązać. Ważne jest, aby w takich chwilach podzielić się z naszym partnerem/małżonkiem tym, co się z nami dzieje i nie „trzymać ich w ciemności" - tak, abyśmy nie utracili tej intymności, którą już sobie wypracowaliśmy. Zaufanie do naszej ukochanej osoby jest równie ważne jak jej adorowanie. Nie może być intymności w związku, gdy nie ma w nim zaufania. A bez intymności - nie może być prawdziwej Miłości. Prawdziwa Miłość to taniec dwóch Serc. Wymaga, abyśmy każdy ruch wykonywali w harmonii, mając przy tym ze sobą bliski kontakt. Nie tylko wtedy, gdy w naszym świecie świeci piękne słońce, ale także gdy leje jak z cebra i silny wiatr targa nami na wszystkie strony.

W kochającym się związku Miłość zaprasza intymność do stołu, a intymność zaprasza seks.

Chociaż seks jest pożądanym zbliżeniem dwojga ludzi, seks bez ciepła intymności nie jest rodzajem uczty, która mogłaby w pełni zaspokoić naszą Miłość. Z tego powodu wielu mądrych ludzi mówi o budowaniu intymności, zanim zaczniemy w pełni cieszyć się seksem w romantycznym związku. Niektórzy radzą nawet, aby pozostać w fazie platonicznej przez pierwsze sześć miesięcy - ponieważ tyle czasu potrzeba do stworzenia bliskiej więzi i odpowiednio głębokiego zaufania.

Ale co jeśli czyjś związek rozpoczął się od spontanicznej seksualnej pasji, gdy jeszcze nie było się ze sobą blisko?

Chociaż trudniej jest po okresie „szalonego seksu" wrócić do miejsca, z którego można byłoby zacząć budować prawdziwą intymność - to jednak wszystko jest możliwe.

Miłość jest wyrozumiała.
Nie wyklucza nikogo i nie przestrzega ślepo żadnych zasad.

Niezależnie od tego, jak zaczęła się nasza historia, bez względu na to, czy jesteśmy już bardzo zaangażowani, czy też jest to jeszcze bardzo świeży związek - jeśli decydujemy się, że chcemy doświadczyć prawdziwej Miłości, musimy postarać się zbudować w nim prawdziwą intymność.

Intymność nie jest możliwa w przypadkowych przygodach seksualnych, które ostatnio stały się popularne wśród osób szukających przeżyć „bez żadnych zobowiązań". Niektórzy ludzie uważają bowiem, że seks jest sprawą wyłącznie fizyczną, sprawiającą przyjemność i podnoszącą adrenalinę. Oczywiście, że jest to satysfakcjonujące fizyczne doświadczenie. W końcu kochanie się ma wpływ na każdą część naszego organizmu, poprzez układ krwionośny, serce i żołądek aż do mózgu. Regularny seks pomaga nam uwolnić się od stresu, chroni nas przed chorobami serca, poprawia przepływ krwi i buduje nasze mięśnie, a także reguluje poziom naszych hormonów. Zatem przynosi wspaniałe korzyści zdrowotne. Jednakże przypadkowy seks - stanowi jednocześnie poważne zagrożenie dla zdrowia. Zarazki wielu chorób przenoszonych drogą płciową kryją się nie tylko w nasieniu i wydzielinach pochwowych, ale także we krwi, a czasem w ślinie. Drobne nacięcie na wardze (lub w jakimkolwiek miejscu) może stać się naszym największym problemem. Nie zawsze można się w pełni zabezpieczyć i wtedy łatwo zarazić się poważną, często zagrażającą życiu chorobą.

Czasami ludzie, którzy uprawiają seks „bez zobowiązań", mogą zechcieć mieć z kimś długotrwały związek i odejść od swojego stylu życia. Jednak może się to wtedy okazać bardzo trudne, gdyż nie będą już w stanie otworzyć się prawdziwie na drugą osobę. Poza tym przestawienie się z ciągłego bycia w stanie podniesionej adrenaliny, który towarzyszy przelotnym seksualnym przygodom, na doświadczanie prawdziwie głębokiej więzi towarzyszącej prawdziwej Miłości dzielonej z jedną tylko osobą - może nie być dla nich takie proste. Odcinanie się emocjonalne od ludzi, z którymi ma się kontakt podczas niewiele znaczących seksualnych przygód, to prawdziwa pułapka, w którą wpadając nabywa się symptomów związanych z lękiem przed intymnością (co stało się poważnym problemem w społeczeństwie zachodnim). Wbrew temu, co moglibyśmy sądzić, bardzo popularne obecnie serwisy społecznościowe (Facebook, Instagram itp.), gdzie wszyscy zdają się być wylewni i dzielić się prywatnymi zdjęciami i historiami ze swojego życia - nie mają nic wspólnego z prawdziwą otwartością. Ludzie dzielą się takim wizerunkiem siebie, jaki chcą zaprezentować. I nie jest to ani całkowity, ani tak naprawdę do końca prawdziwy wizerunek. Interakcje z internetowymi znajomymi są często pobieżne i pozbawione znaczenia, podobnie jak przypadkowy seks. Wszystko dzieje się na powierzchni, spełniając niektóre z naszych potrzeb społecznych, ale nie zastępując nam prawdziwych związków, prawdziwych osobistych doświadczeń.

Dostrajanie się do energii Miłości wykracza daleko poza wszelkie takie interakcje. W tym sensie seks może być wykorzystany jako wrota do zrozumienia, dlaczego chcemy dzielić Miłość z inną istotą.

Kiedy prawdziwa Miłość puka do naszych drzwi, seks wkracza

wraz z nią ręka w rękę, a z nim intymność.

Kochanie się staje się częścią dzielenia energii Miłości. Przyjemność zamienia się w błogostan.

W związku pełnym prawdziwego szczęścia - nic nie jest oddzielne, a wszystko staje się jednym: nasze zmysły, ciała, uczucia i myśli. A to, czego w ten sposób doświadczamy, to Miłość.

Chociaż Patrick i ja uważamy, że nasza Miłość może nam podpowiedzieć wszystko, czego potrzebujemy, aby mieć doskonały związek także w kontekście seksu, wiem, że u niektórych może to nie działać w taki sam sposób. Dzieje się tak dlatego, że programujemy się dość wcześnie w życiu na temat tego, czym i jaki powinien lub nie powinien być seks - i takie programowanie nie jest łatwe do przezwyciężenia. Seks w zachodniej cywilizacji był czasami postrzegany jako tabu lub jedynie jako środek reprodukcji, albo czysta fizyczna przyjemność, jak np. jedzenie pysznego ciasta; niektórzy mogą postrzegać seks jako akt pasji, dominacji lub uległości, albo sposób na manipulowanie kimś; inni mogą uważać go za obowiązek, podczas gdy jeszcze inni używają go do rekreacji. O wiele rzadziej postrzega się seks jako zbliżenie, które pozwala nam doświadczyć energii Miłości zarówno na zmysłowym, jak i na głębokim, a nawet duchowym poziomie. Oczywiście wynika to z braku edukacji na temat Miłości.

Istnieją teorie na temat tego, jak osiągnąć tak głęboki poziom kochania się i można wyszukiwać tego rodzaju informacje w różnych książkach i artykułach. Natomiast ja podam Ci w tym rozdziale przykład praktyki seksualnej, która stała się popularna w niektórych kręgach na zachodzie i w Ameryce w ciągu kilku ostatnich dziesięcioleci. Moim zdaniem metoda ta odzwierciedla to, czego niektórzy ludzie w naszym społeczeństwie szukają, jeśli chodzi o seks, który ma tzw. głębszy sens. Być może zainspiruje Cię to i pomoże w zbudowaniu bardziej intymnej emocjonalno-seksualnej więzi w Twoim własnym związku. Wiele par przysięga, że bardzo im to pomogło i poprawiło ich współżycie seksualne. Możliwe, że już słyszałeś/-aś tę nazwę: „seks tantryczny". Chociaż mam wrażenie, że to, co słyszałeś/-aś - nie było pełnym obrazem tej metody, gdyż w wielu dostępnych na rynku polskim tłumaczeniach - przekazy sprowadzają się do instrukcji dotyczących niektórych wyjętych z kontekstu i całości tej metody pozycji seksualnych, bez uwzględnienia istotnej głębokiej prawdy o tym, czym jest ta metoda oraz dlaczego i jak się ją w jej czystej formie stosuje. Sprowadzanie jakiejkolwiek pięknej ideologii do mechanicznego procesu - zawsze mija się z celem. Mechaniczny seks - nie jest prawdziwą unią Miłości, jakbyśmy na to nie patrzyli.

Czym więc naprawdę jest seks tantryczny w swojej oryginalnej postaci? Często jest opisywany jako klucz do poszerzania świadomości poprzez łączenie dwóch energii w jedną całość.

Tantra jest pierwotnie starożytną praktyką duchową Wschodu, która uczy, jak rozwijać intensywne skupienie się we wszystkich dziedzinach życia (nie tylko podczas seksu). W Tantrze wszystkie ludzkie zdolności - fizyczne, mentalne i emocjonalne - są silnie stymulowane, a następnie kontrolowane, aby zapewnić istotom ludzkim najwyższą przyjemność swojego istnienia. Tantra stała się znana w kulturze zachodniej w latach sześćdziesiątych XX wieku, a jej praktykowanie stale się nasila. Wiele par przejęło atrakcyjne metody seksualne z Tantry, które zapewniają o wiele głębsze i przyjemniejsze doznania seksualne.

Ludzie praktykujący seks tantryczny mówią, że stali się naprawdę świadomi siebie i dzięki temu są w stanie doświadczyć prawdziwej intymności ze swoim partnerem/małżonkiem - zarówno emocjonalnej, jak i seksualnej.

Bez względu na to, czy jesteś w długotrwałym romantycznym związku, czy wciąż czekasz, zanim zaczniesz współżycie seksualne z ukochaną osobą - zawsze dobrze jest pomyśleć o tym, jak można się kochać z kimś tak, aby mogło się najlepiej dzielić swoją Miłość. Seks tantryczny dostarcza inspiracji i daje dobre wskazówki, a jego zasady traktowania współżycia seksualnego jak pięknej uczty zmysłów są bardzo atrakcyjne dla wielu par.

Oczywiście w naszym codziennym życiu nie wszystko zawsze układa się w sposób, który pozwala nam realizować to, co zamierzamy. Ale możemy wymyślić przecież jakiś wariant odpowiedni dla nas, w zależności od tego, co jest możliwe w naszej sytuacji.

Seks tantryczny traktuje akt seksualny jak prawdziwą świąteczną biesiadę. Dlatego każdy jego krok staje się uważny, zanim może być spontanicznie namiętny. Wprowadzenie odpowiedniego nastroju jest przy tym bardzo ważne, i jeśli ktoś lubi palące się świece, pachnące oleje, przyćmione światło, łagodną muzykę lub coś takiego, co odpowiada obojgu kochankom i stwarza romantyczną atmosferę - z pewnością pomoże Wam to skupić się na przyjemności zmysłów, umysłów i Serc.

Po przygotowaniu otoczenia, następnym krokiem jest rozluźnienie ciała, tak aby energia mogła swobodnie przez nie przepływać. Profesjonalni instruktorzy tantrycznego seksu doradzają energiczne rozgrzanie kończyn, aby pobudzić krążenie krwi. Dla tych, którzy nie uważają tego za zbyt romantyczne - wolny taniec we dwoje może taką „rozgrzewkę" wspaniale zastąpić. Albo różnego rodzaju wspólne pieszczoty, jak np. delikatne głaskanie rąk, szyi i nóg.

Bardzo ważnym jest, aby podczas takiego wstępu do wspólnej biesiady zmysłów nie być w łóżku, ponieważ może to zachęcić do odbycia szybkiego seksu, zamiast przejścia na głęboki poziom współżycia, o który głównie chodzi w seksie tantrycznym.

Kiedy już poczujesz się rozluźniony/-a ze swoją ukochaną osobą, kontynuujcie delikatne dotykanie, patrząc sobie w oczy. Celem tutaj jest narastające pobudzenie zmysłów - powoli, a jednocześnie intensywnie. Pozwala to na budowanie energii seksualnej bez doprowadzania jej do szybkiego szczytowania i - może przedłużyć seks i trwanie przyjemności każdorazowo na wiele nawet godzin. Chociaż nie jest to akurat najważniejszym celem seksu tantrycznego, aby przedłużać jego przyjemność na długi czas - niektóre pary mogą to preferować i wielu mówi o tym z podnieceniem.

Bycie obecnym „tu i teraz" jest tutaj kluczem, więc jeśli zauważysz, że Twój umysł gdzieś błądzi - wróć do teraźniejszości, koncentrując się na swoim oddechu. Dobrym sposobem na to jest robienie wdechu, podczas gdy Twój partner wydycha powietrze i na odwrót. Takie wspólne oddychanie pomaga pozostać w ciągłym kontakcie i pozostać świadomym obecnej chwili.

Jeśli nie wytrzymasz bycia razem podczas seksu w taki inny, bezpośredni i głęboki sposób dłużej niż 10 minut - nie przejmuj się i nie poddawaj. Seks tantryczny różni się od tego, do czego przywykliśmy w społeczeństwie zachodnim, ponieważ nie ma tutaj typowego początku, środka ani końca (szczytowania) w akcie fizycznym. Całość jest ucztą, podczas której jednocześnie odbywa się przygotowywanie, gotowanie i konsumpcja. Dzięki dalszej praktyce nauczysz się, jak odrzucić ideę, że musi nastąpić jakiś moment kulminacyjny, a będziesz cieszyć się seksem bez myślenia o konkluzji. Jednocześnie będziesz w stanie kontrolować swoje ciało i zwiększyć intensywność swoich orgazmów - oraz długość ich trwania (dotyczy to obu partnerów).

Istnieje kilka ćwiczeń tantrycznych, które można wykorzystać do budowania intymności w związku, ponieważ jest to najważniejszy składnik tantrycznego związku. Można je wypróbować, choćby tylko dla zabawy i zobaczyć, gdzie mogą nas zaprowadzić.

1. Dostrajanie uderzeń serca:

Stojąc naprzeciwko partnera, połóż lewą rękę na jej/jego klatce piersiowej, na sercu. Następnie poproś ją/go, o położenie ręki na Twojej ręce. W takiej pozycji starajcie się wyrównać nawzajem swoje oddechy - przez kilka minut, nie mniej niż dwie. Chodzi tutaj o wdychanie i wydychanie razem (inaczej niż podane to było poprzednio - o wymiennym oddychaniu podczas seksu). Następnie zamieńcie się - niech Twój partner położy swoją rękę na Twoim sercu, a Ty przykryj ją dłonią i znowu razem harmonijnie oddychajcie przez kilka minut.

2. Połączony dotyk:

Siedząc twarzą w twarz (najlepiej na dywanie), gdy jedno z Was siedzi z wyprostowanymi nogami, a drugie siedzi mu/jej na udach, obejmując go/ją ramionami i nogami, delikatnie przytulcie blisko do siebie swoje ciała. Pozostańcie w tej pozycji przez kilka minut. To Wasz wybór, czy chcecie przy tym być w ubraniu, czy je zdjąć - pod warunkiem, że skupiacie się na byciu ze sobą tak blisko i cieszeniu się dotykiem Waszych ciał - nie spiesząc się z niczym innym. Wasze poczucie intymności zostanie wzmocnione, a poza tym na pewno sprawi Wam przyjemność bycie dotykanym i dotykanie ukochanej osoby w taki spokojny, nie wymagający niczego sposób.

3. Budowanie narastającej przyjemności:

Upewnij się, że oboje oddychacie i poruszacie się powoli podczas seksu, stopniowo budując napięcie seksualne - zamiast spieszyć się do pozycji, o której Wiesz, że może przyspieszyć Wasz orgazm. Budowanie intensywności swoich uczuć i wrażeń prowadzi do znacznie głębszego i dłuższego doznawania orgazmu na końcu.

Ćwiczenie intymności pozwala nam się zrelaksować i cieszyć się naszym zbliżeniem bez żadnej presji, aby zaspokoić partnera czy „wykonać zadanie". Seks jest nie tylko wspólną przyjemną zabawą, ale także sposobem na wyrażenie naszej wrażliwości. Obie osoby muszą czuć się akceptowane, bezpieczne i mieć swobodę dzielenia się swoimi uczuciami.

Pełne Miłości pożycie seksualne w związku jest bardzo ważne, jeśli chcemy dzielić energię Miłość w całej jej wspaniałości.

Nie ma nic wstydliwego w seksie, ponieważ nie ma nic wstydliwego w byciu człowiekiem.

W miłosnym związku nasze ciała stają się piękne nie dlatego, jak wyglądają, ale z powodu tego, jak pięknie mogą nam pomóc się kochać.

I co ciekawe, bez względu na to, jak często uprawiamy taki intymny seks na głębokim poziomie - zawsze pozostajemy go „głodni".

Głodni wzrastającej intymności, spragnieni więcej cielesnego kontaktu, pragnący coraz więcej doświadczania fizycznej więzi w dzieleniu się energią Miłości. Jej/jego ciało pozostaje ekscytującym źródłem fizycznej przyjemności i nigdy się nim nie znudzimy. Nie musimy niczego szukać nigdzie indziej, ponieważ wszystko, czego potrzebujemy, znajduje się właśnie tutaj, w naszych ramionach. Osoba, która patrzy nam w oczy z taką Miłością, staje się jeszcze bardziej atrakcyjna dla nas, dzień po dniu.

Nie ma nic bardziej atrakcyjnego niż prawdziwa Miłość.

Jak długo pozostajecie ze sobą w harmonii Miłości - nic nie jest w stanie odciągnąć Was od siebie.

I to jest kolejny wielki Sekret Miłości.

Rozkosz

Jestem.

Radosna, z zamkniętymi oczami.

Uśmiecham się do jego zapachu.

On pachnie jak moje marzenia.

Czuję go na sobie, jak czuje się falę.

Unosi mnie ze sobą mój kochanek-fala.

Wdycham go w siebie, a potem się rozluźniam.

Ufam, słysząc westchnienia nocy.

Moja noc jest bezpieczna.

To on sprawia, że taka jest. Raz za razem.

Jakąż to kobietą staję się w jego ramionach!

Potem słyszę, że ktoś krzyczy.

Otwieram oczy. Kim jest ta osoba?

To nasza Rozkosz zawstydza łagodną noc.

Moje usta tańczą z jego ustami.

Nasze uda kołyszą się jak dzwon.

Moja szyja robi się miękka i długa.

Zakrzywia się i wije.

Moje ramiona pełzną wokół jego talii.

Szukają znajomej drogi.

Jest.

Trzymam go mocno i blisko.

Trzymam go całym sercem.

Moje ciało drży. Brzuch staje się twardy.

Jestem.

Poruszam się z nim, moją falą.

Och, Boże, niech tak będzie.

Och, Boże, niech to trwa.

Jest! Jestem!

Moje serce wybija rytm naszej Rozkoszy.

A ona śpiewa i krzyczy, heroldując swoją moc.

Mój kochanek-fala muska moją duszę.

Nie. To moja dusza go opływa, jak fala snów.

Czuję jej zęby, zatopione w jego ramieniu.

Przecięły skórę.

Teraz moja dusza wiruje, unosi się i płynie.

Kołysze się, zostawiając mnie w tyle.

Moja dusza śpiewa i tańczy,

w duecie z naszą Rozkoszą.

- Dla Patricka, mojego męża, w jedną z naszych pięknych nocy -

Sekret 11

Co Mogą Dla Ciebie Zrobić Afrodyzjaki I superfood

Spraw, by Twoje pożądanie trwało i rosło:

Pyszne przekąski i posiłki dla Miłości

Szybkie i łatwe do przyrządzenia

Smaczne, pyszne, delicje, niebo w gębie, boskie, ekstatyczne! O tak! Kiedy pyszne jedzenie rozpływa nam się w ustach, przyjemność zmywa nasze zmartwienia i stres.

Jedzenie to pierwotna potrzeba kojarzona z przyjemnością, w jakimś sensie podobna do pobudzenia. Nic więc dziwnego, że można znaleźć sporo folklorystycznych opowieści, mitów i przesądów na temat seksualnej natury jedzenia. Afrodyzjaki były znane i przepisywane od tysięcy lat. I chociaż ich faktyczny wpływ na przyrost naszego libido i przyjemności jest nadal kwestionowany, wielu badaczy uważa, że niektóre rodzaje jedzenia mają właściwości stymulujące ośrodki przyjemności w mózgu. Jest to dobrze znane w przypadku tzw. superfood - napakowanego witaminami i minerałami, które podwyższają poziom naszej energii i mogą pozytywnie wpływać na nasze libido. A poza tym kto by się nie ucieszył z romantycznego posiłku działającego na zmysły, który idealnie pobudza przyjemność wynikającą z uczty dla naszych zmysłów?

Przygotowując się do celebrowania Miłości możemy „przyprawić" pomieszczenie nie tylko światłem i muzyką, ale także zapachem, kształtem i kolorem jedzenia, co pobudzi naszą wyobraźnię. Właściwie większość mitologii związanej z afrodyzjakami wywodzi się z jedzenia, które ma symboliczny wygląd, a słynni kucharze na całym świecie zgadzają się z poglądem, że zanim włożymy jedzenie do ust, „połykamy je oczami". Atrakcyjny wygląd przyczynia się znacząco do przyjemności z konsumpcji posiłku.

Jeśli chodzi o przekąski i posiłki, które przyczyniają się do zwiększenia przyjemności płynącej z celebrowania Miłości, lista afrodyzjaków i superfood, jakie można wykorzystać, zależy od naszych preferencji. Dzielę się w tym rozdziale niektórymi z moich ulubionych przepisów na przekąski i posiłki, które mogą uprzyjemnić nam celebrowanie Miłości. Być może znajdziesz tu coś, co Ci się spodoba, a być może zainspiruje Cię to do tworzenia własnych przepisów.

*U*lubione przepisy Johanny

Pyszne przekąski i posiłki dla Miłości zawierające afrodyzjaki i superfood

Czekoladowe Pocałunki i Uśmiechy

Czekoladowe Pocałunki

Składniki:

100-125 g gorzkiej czekolady (70% kakao), grubo posiekanej

18-21 truskawek, najlepiej z długimi ogonkami

¼ papryczki chili, drobno posiekanej

¼ filiżanki lekko posolonych pistacji, drobno posiekanych

¼ filiżanki wiórków kokosowych

Będziesz także potrzebować płaskiej brytfanki do pieczenia, albo jakiegoś płaskiego, niewielkiego półmiska.

Opcjonalnie: możesz wyłożyć brytfankę/półmisek pergaminem.

Przygotowanie:

1. Umyj truskawki i zostaw je do zupełnego wyschnięcia. Nie usuwaj ogonków.
2. Umieść posiekaną papryczkę chili, pistacje i wiórki kokosowe w trzech oddzielnych miseczkach lub na talerzykach deserowych.
3. Rozpuść czekoladę: możesz użyć naczynia do gotowania na parze, patelni lub rondla. Wlej do dolnej części urządzenia do gotowania na parze trochę wody. Doprowadź ją do wrzenia na średnim ogniu. Umieść posiekaną czekoladę w rondlu i postaw na patelni wypełnionej wodą lub w górnej części naczynia do gotowania na parze. Uważaj, woda nie może mieć kontaktu z czekoladą. Mieszaj co pewien czas w zależności od potrzeb, tak aby nie zostały żadne grudki, a rozpuszczona czekolada była jednolita. Kiedy czekolada będzie rozpuszczona, zdejmij naczynie z ognia.

4. Zamaczaj truskawki w czekoladzie pojedynczo, trzymając je za ogonki i pozwalając nadmiarowi czekolady spłynąć, a następnie obtocz je w posiekanej papryczce chili, pistacjach lub wiórkach kokosowych. Na koniec powinieneś/powinnaś mieć część truskawek w czekoladzie i papryczce chili, część w czekoladzie i pistacjach, a część w czekoladzie i wiórkach kokosowych.
5. Połóż każdą truskawkę ostrożnie na boku na brytfance/półmisku. Upewnij się, że na każdą starczy Ci miejsca.
6. Schłodź przez 10 minut w lodówce lub odstaw na 30 minut, by czekolada zastygła. Jeśli nie zamierzasz podać ich tego samego dnia - możesz je przechować w lodówce 2-3 dni. Jednak najlepiej smakują tego samego dnia.

Wariacja:
Jeśli wolisz **prostszy smak** - przygotuj truskawki w czekoladzie, ale bez pistacji, papryczki chili i wiórków kokosowych.

Czekoladowe Uśmiechy
Składniki:
100 -150 g gorzkiej czekolady (70% kakao), grubo posiekanej
6 mandarynek, klementynek
lub 2 ½ średniej wielkości pomarańczy

Przygotowanie:
1. Obierz owoce, podziel na cząstki i odłóż na bok.

2. Rozpuść czekoladę: zob. wcześniejsze instrukcje (pkt. 4 - przygotowanie Czekoladowych Pocałunków).
3. Zamocz każdą cząstkę w rozpuszczonej czekoladzie i ułóż na płaskiej brytfance lub półmisku.
4. Schłodź w lodówce przez 10 minut lub odstaw na 30 minut aż czekolada zastygnie. Można je przechować w lodówce przez 2-3 dni, ale najlepiej smakują, kiedy są podane tego samego dnia.

Wariacja:

Banany w czekoladzie też są pyszne, a dodatkowo mogą być zabawne ze względu na swój falliczny kształt.

Właściwości:

Truskawki były kiedyś znane jako symbol Wenus - rzymskiej bogini Miłości. W starożytnej Grecji były czasy, kiedy zakazane było jedzenie truskawek, z powodu ich kształtu serca, oraz innego czerwonego jedzenia - być może obawiano się, że mają jakieś szczególne moce. Chociaż truskawki mogą nie posiadać żadnych sekretnych magicznych zdolności, są one tzw. superfood (czyli super-jedzeniem, w znaczeniu posiadania wspaniałych odżywczych właściwości) bogatym w przeciwutleniacze, związki fitochemiczne, które pomagają zmniejszyć zapalenia stawów, podwyższyć odporność, obniżyć poziom cholesterolu i które przyczyniają się do znakomitego stanu zdrowia naszych oczu i serca. Zawierają także kwas elagowy, który zapobiega rozpadowi kolagenu i reakcjom alergicznym - dwóm głównym czynnikom, które powodują powstawanie zmarszczek po długotrwałej ekspozycji na niszczące skórę promienie słoneczne UV-B. Dodatkowo wysoka zawartość witaminy C w truskawkach jest korzystna dla wytwarzania hormonów płciowych i neuroprzekaźników w mózgu, co podwyższa libido.

Gorzka czekolada (co najmniej 70% kakao) jest uważana zarówno za afrodyzjak, jak i superfood. Ziarna kakaowca, które rosną na drzewach *Theobroma cacao* były wykorzystywane przez Azteków i Majów jako forma waluty. Majowie byli znani z tego, że wymieniali kilka ziaren za noc uniesień w domu publicznym, a plotki mówią, że aztecki władca Montezuma konsumował co najmniej 50 filiżanek czekolady dziennie, aby zaspokoić erotyczne potrzeby swoich licznych małżonek. Słynny Casanova także wspomina czekoladę w swoich pamiętnikach jako środek na utrzymanie swojego libido. Gorzka czekolada jest sensualna nie tylko ze względu na swój smak i aromat, ale także podwyższa wytrzymałość i powoduje zastrzyk dopaminy - hormonu, który wywołuje uczucie przyjemności. Ze względu na zawartość fetyloenyloaminy i tryptofanu, czekolada daje nam przyjemność, którą niektórzy opisują jako przypominającą zakochanie się i pomaga w wytwarzaniu serotonimy, która poprawia nastrój i podwyższa podniecenie seksualne.

Papryczki chili są uważane za afrodyzjak i zawierają kapsaicynę - to właśnie ona powoduje, że są ostre i stymulują zakończenia nerwowe w języku, które uwalniają epinyfrynę (adrenalinę). Ten związek chemiczny powoduje przyspieszenie rytmu serca i uwalnia endorfiny - naturalne opiaty występujące w ludzkim ciele. Uważaj podczas ich jedzenia, gdyż jeżeli rozetrzesz je na skórze wokół ust lub gdziekolwiek na ciele - będzie to piec.

Pistacje to także superfood przynoszący wiele korzyści zdrowotnych. Są jednymi z niewielu orzechów, które zawierają większość składników odżywczych potrzebnych ludziom do całkowitego zdrowia. Pistacje zawierają beta-karoten, wapń, węglowodany, miedź, folian, żelazo, luteinę i zeaksantynę, magnez, mangan, niacynę, kwas pantotenowy, fosfor, potas, ryboflawinę, witaminę A, witaminę B-6, witaminę C, witaminę E, witaminę K, cynk, błonnik pokarmowy, tłuszcze i białka. Są tak pełne składników odżywczych, że porcja zaledwie 100 gram zapewnia 562 kalorie i 20% dziennego zapotrzebowania na białko, błonnik dietetyczny, kilka minerałów pokarmowych, tiaminę, a także aż 131% dziennego zapotrzebowania na witaminę B6. Przy codziennym spożywaniu garści pistacji znacznie wzrasta libido.

Kokos zawiera witaminę C i niezbędne minerały takie jak miedź, żelazo, magnez, fosfor i selen. Pomaga w budowie mocnych kości, zmniejsza zapalenie mięśni, reguluje poziom cukru we krwi i powoduje relaks umysłu i ciała. Mówi się, że błonnik występujący w kokosie kontroluje napady głodu. Jednak dobrze jest pamiętać, że olej kokosowy to prawie czysty nasycony tłuszcz, w związku z tym należy go spożywać z umiarem.

Owoce cytrusowe nie tylko mają smaki należące do najbardziej preferowanych smaków na świecie, ale są też bogate w minerały, witaminy i błonnik pokarmowy (polisacharydy bezskrobiowe). Zawierają także związki fitochemiczne, które pomagają w redukcji ryzyka wielu chorób chronicznych. Oprócz tego, są źródłem witaminy C i niskoglikemicznych węglowodanów (cukrów i błonnika), wapnia, miedzi, folianu, magnezu, niacyny, kwasu pantotenowego, fosforu, potasu, ryboflawiny, tiaminy i witaminy B_6. Są też bardzo korzystne do zdrowia reprodukcyjnego mężczyzn.

Banany to kolejny superfood. Są bogate w potas, który wspomaga układ krwionośny, utrzymując niskie ciśnienie i regulując przepływ krwi. Zawierają tryptofan - białko, którego nasze ciało używa do wytwarzania serotoniny. Banany są ulubioną przekąską sportowców i są pełne bromeliny i witaminy B - obie regulują testosteron. Nie tylko dobrze wpływają na męskie libido, ale także zwiększają zdrowie prostaty ze względu na wysoką zawartość manganu i magnezu.

Gładysz / Kremowy i Parujący
(Wersja niewegańska i wegańska)

Wersja 1 - Niewegańska

Składniki:

170 g wędzonego łososia w cienkich plastrach

400 g makaronu farfalle lub jakiegoś makaronu bezglutenowego

1 filiżanka brokułów podzielonych na cząstki

2 filiżanki szpinaku

½ filiżanki drobno posiekanej cebuli dymki

½ filiżanki kwaśnej śmietany

2 łyżki posiekanych prażonych migdałów

2 łyżki suszonej żurawiny

1 filiżanka wytrawnego białego wina (lub białego wina bezalkoholowego)

2 łyżki oleju kokosowego (lub oliwy z oliwek)

1 łyżeczka oregano

czarny pieprz (wedle własnych upodobań, zacznij od ½ łyżeczki)

sól morska (wedle własnych upodobań, zacznij od ¼ łyżeczki, gdyż wędzony łosoś też zawiera sód)

2 łyżki posiekanego koperku lub natki pietruszki (do przybrania)

Przygotowanie:

1. Ugotuj makaron i odsącz na durszlaku nad miską. Zostaw 1 filiżankę wody z gotowania makaronu na sos.
2. Podgrzej 2 łyżki oleju kokosowego (lub oliwy) w średnim lub dużym garnku, dusząc brokuły przez 4 minuty na średnim ogniu.
3. Dodaj wino, cebulę dymkę, migdały oraz żurawinę i duś przez 6 minut.
4. Dodaj szpinak i duś przez 2 minuty. Zdejmij garnek z ognia.
5. Dodaj kwaśną śmietanę do 1 filiżanki wody z gotowania makaronu. Mieszaj je do połączenia w gładką masę widelcem lub trzepaczką. Następnie dodaj do nich oregano, sól i pieprz (wedle własnych upodobań) i zamieszaj ponownie.
6. Dodaj mieszankę z kwaśną śmietaną do garnka z resztą składników i delikatnie zamieszaj.
7. Dodaj ugotowany makaron do garnka i zostaw całość na kilka minut, tak aby makaron nabrał smaku sosu. Dodaj posiekanego łososia.
8. Podawaj na ciepło, przybrane posiekanym koperkiem lub natką pietruszki.

Wersja 2 - Wegańska

Składniki:
8 plastrów twardego tofu, o grubości pół centymetra
Niskosodowy sos sojowy do marynowania plastrów tofu
Dowolny wegański makaron

½ filiżanki kwaśnej śmietanki z nerkowców (przepis poniżej)

½ filiżanki drobno posiekanej cebuli dymki

2 filiżanki szpinaku

1 filiżanka podzielonych na cząstki brokułów

2 łyżki posiekanych migdałów

2 łyżki suszonej żurawiny

1 filiżanka wytrawnego białego wina (lub białego wina bezalkoholowego)

4 łyżki oleju kokosowego (lub oliwy z oliwek)

1 łyżeczka oregano

czarny pieprz (wedle własnych upodobań, zacznij od ½ łyżeczki)

sól morska (wedle własnych upodobań, zacznij od ¼ łyżeczki, gdyż marynowane tofu też zawiera sód)

2 łyżki posiekanego koperku lub natki pietruszki (do przybrania)

Przygotowanie:

1. Marynuj plastry tofu w niskosodowym sosie sojowym przez 15-30 minut.
2. Usmaż zamarynowane plastry na złoto-brązowy kolor z każdej strony (wykorzystując 2 łyżki oleju kokosowego lub oliwy z oliwek).
3. Przenieś usmażone tofu do miski i zostaw je tam pod przykryciem.
4. Ugotuj makaron i odsącz na durszlaku nad miską. Zostaw 1 filiżankę wody z gotowania makaronu na sos.
5. Podgrzej 2 łyżki oleju kokosowego (lub oliwy) w średnim lub dużym garnku, dusząc brokuły przez 4 minuty na średnim ogniu.
6. Dodaj wino, cebulę dymkę, migdały oraz żurawinę i duś przez 6 minut
7. Dodaj szpinak i duś przez 2 minuty. Zdejmij garnek z ognia.
8. Dodaj kwaśną śmietankę z nerkowców do 1 filiżanki wody z gotowania makaronu. Mieszaj do połączenia w gładką masę widelcem lub trzepaczką. Następnie dodaj oregano, sól i pieprz (wedle własnych upodobań) i zamieszaj ponownie.
9. Dodaj mieszankę z kwaśną śmietanką z nerkowców do garnka z resztą składników i delikatnie zmieszaj.
10. Dodaj ugotowany makaron do garnka i zostaw całość na kilka minut, tak aby makaron nabrał smaku sosu. Dodaj usmażone tofu.
11. Podawaj na ciepło, przybrane posiekanym koperkiem lub natką pietruszki.

Kwaśna śmietanka z nerkowców

Składniki:

¾ filiżanki surowych nerkowców, moczonych przez noc

1 łyżka soku z cytryny

1 łyżka octu jabłkowego (lub musztardy Dijon)

¼ filiżanki mleka migdałowego lub sojowego

Szczypta soli morskiej (wedle własnych upodobań)

Przygotowanie:

1. Osusz nerkowce i umieść je w malakserze lub blenderze o dużej mocy.
2. Dodaj soku z cytryny, octu jabłkowego (lub musztardy Dijon), mleka migdałowego lub sojowego i soli.
3. Zblenduj całość do uzyskania gładkiej masy.
4. Schłódź w zamkniętym pojemniku w lodówce.

Właściwości:

Łosoś jest uznawany za jeden z najzdrowszych pokarmów na naszej planecie. Niektórzy mówią, że jest świetny na utrzymanie erekcji i poprawę stymulacji łechtaczki, gdyż jest naładowany kwasami tłuszczowymi omega-3, które są niezbędne do dobrego krążenia. Dostarcza dużych ilości tauryny, mającej właściwości przeciwutleniające (będącej aminokwasem), witaminy B12, B6, witaminy D, białka, fosforu i selenu, a także jest dobrym źródłem biotyny, choliny, kwasu pantotenowego, biotyny i potasu.

Uwaga: najlepiej szukać dzikiego łososia, gdyż łosoś hodowlany może być skażony rtęcią i pestycydami.

Cebula dymka jest uznawana za przystępny cenowo superfood (czyli super-jedzenie o wspaniałych właściwościach odżywczych), chwalona za swoją zawartość witaminy C i K. Witamina C pomaga w syntezie kolagenu, który utrzymuje silne kości, a witamina K pomaga naszemu ciału wykorzystywać wapń, jakiego potrzebuje do utrzymania gęstości kości. Porcja 1 filiżanki cebuli dymki zapewnia 89% zalecanej dziennej dawki witaminy K dla mężczyzn, a 100% zalecanej dziennej dawki witaminy K dla kobiet oraz 11-13% rekomendowanej dziennej dawki witaminy C dla mężczyzn i kobiet. Mówi się, że cebula dymka m.in. redukuje zapalenia, zapobiega zaćmie i nowotworom, promuje zdrowie oczu i serca, kontroluje poziom cukru we krwi, zmniejsza poziom cholesterolu i zmniejsza wysokie ciśnienie.

Szpinak zyskał reputację skarbnicy składników odżywczych ze względu na swoją zawartość żelaza i mających dobroczynny wpływ na zdrowie karetonoidów (beta karotenu, luteiny i zeaksantyny), które mają działanie przeciwzapalne i antynowotworowe, a także są bardzo istotne dla zdrowia oczu. Jako afrodyzjak szpinak jest uważany za pomocny w produkcji testosteronu i podwyższaniu libido zarówno u mężczyzn, jak i u kobiet, przy równoczesnym hamowaniu produkcji estrogenu u mężczyzn. Jest także doskonałym źródłem witaminy A, witaminy C, witaminy K i kwasu foliowego, a także dobrym źródłem witaminy B2, magnezu, manganu oraz cynku.

Brokuły są pełne rozpuszczalnego błonnika, który wyciąga cholesterol z naszego ciała (żyły zapchane cholesterolem zmniejszają zdolność kobiet do orgazmu i zmniejszają zdolność mężczyzn do osiągania pełnej erekcji). Brokuły zawierają kwasy tłuszczowe omega, kemferol i izotiocyjaniany - oba to fitoskładniki przeciwzapalne. Jest świetnym źródłem wapnia, witaminy C i witaminy K, a także glukorafaniny, glukonasturcyny i glukobrassiciny, które pomagają naszemu ciału w procesie detoksu. Wysoka zawartość błonnika w brokułach pomaga dodatkowo w trawieniu, zapobiega zaparciom i spożywaniu nadmiernej ilości węglowodanów. Filiżanka brokułów zapewnia tyle białka co filiżanka brązowego ryżu, przy czym ta pierwsza zawiera tylko połowę kalorii tej drugiej.

Migdały są jednym z bardzo docenianych pokarmów typu superfood i istnieje na ich temat przekonanie, że podwyższają pożądanie seksualne i zdolność reprodukcji. Były uznawane w czasach starożytnych za symbole płodności, zaś zapach migdałów podobno wzbudza pożądanie u kobiet - jak twierdziło wielu poetów i pisarzy. Migdały zapewniają wysokie dawki witaminy E (przeciwutleniacz dobry dla serca i sprawności seksualnej), magnezu, kwasów tłuszczowych omega 3, selenu, cynku i błonnika.

Żurawina pomaga w zapobieganiu infekcjom układu moczowego po seksie oraz wspomaga produkcję zdrowej spermy. Często mówi się o niej jako o superfood ze względu na wysoką zawartość składników odżywczych i przeciwutleniaczy. Pełna jest witaminy C oraz wielu witamin z grupy B niezbędnych do zachowania równowagi hormonalnej. Żurawina zawiera także witaminę E, witaminę K, magnez i dużą liczbę fitoskładników, które pomagają chronić ciało przed szkodliwymi wolnymi rodnikami i mają właściwości przeciwzapalne i przeciwnowotworowe.

Koper pomaga zmniejszyć bóle menstruacyjne, zmniejsza depresję, obniża poziom cholesterolu, pomaga w trawieniu, podwyższa poziom energii i ma właściwości przeciwbakteryjne. Korzyści zdrowotne, jakie przynosi pietruszka, pochodzą z jej zawartości monoterpenów, w tym karwonu, anetofuranu; oraz flawonoidów, w tym kamferolu i wiceniny.

Natka pietruszki przynosi ogromne korzyści zdrowotne, m.in pomaga w cukrzycy, osteoporozie, reumatoidalnym zapaleniu stawów i nowotworach. Pietruszka może być także wykorzystywana jako środek przeciwbólowy z właściwościami przeciwzapalnymi. Daje ulgę przy niestrawności, skurczach żołądka, wzdęciach i nudnościach, pomagając we wzmacnianiu systemu odpornościowego. Natka pietruszki jest świetnym źródłem witaminy C, oleju eterycznego, flawonoidów, kwasu foliowego, beta-karotenu i dobrym źródłem witaminy A.

Tofu jest dobrym źródłem białka, miedzi, cynku, witaminy B1 oraz świetnym źródłem wapnia, żelaza, manganu, selenu i fosforu. Może być pomocne w podwyższaniu libido, obniżaniu poziomu cholesterolu i podwyższaniu gęstości kości ze względu na swoją zawartość izoflawonów. Zawiera wszystkie osiem kluczowych aminokwasów. Połowa filiżanki tofu zapewnia 44% zalecanego dziennego spożycia wapnia, 40% żelaza i 9% magnezu.

Nerkowce są dobre do podwyższania energii, poprawy pamięci, nastroju i libido. Są bogatym źródłem niezbędnych minerałów takich jak miedź, żelazo, magnez, mangan, selen i cynk. Zawierają także dużo witaminy B5 i B6, witaminy E, witaminy K, ryboflawiny i tiaminy. Nerkowce są bogate w kalorie, ale są pełne rozpuszczalnego błonnika pokarmowego. Pomagają chronić się przed wieloma chorobami i nowotworami.

Awokado Tornado / Sałatka dla Zmysłów

Składniki:

2 awokado

2 filiżanki szpinaku

½ filiżanki pestek dyni, uprażonych lub surowych

1 świeży ogórek, mały lub średni

1 jabłko, małe lub średnie

2 brzoskwinie

½ filiżanki malin

½ czerwonej cebuli średniej wielkości

Składniki do dressingu:

½ filiżanki oliwy z oliwek

¼ filiżanki wytrawnego czerwonego wina (jeżeli nie pijesz

alkoholu, możesz zamienić wino na ocet winny)

1 łyżeczka suszonego oregano

1 łyżeczka suszonej bazylii

1 ząbek czosnku, rozgnieciony

1 łyżeczka niskosodowego sosu sojowego

Opcjonalnie: sól i czarny pieprz

Przygotowanie:
1. Najpierw przygotuj dressing (przepis poniżej).
2. Umyj szpinak i pozostaw go do wyschnięcia.
3. Umyj maliny, jabłka i brzoskwinie. Pozostaw je do wyschnięcia.
4. Obierz awokado, ogórek i czerwoną cebulę.
5. Pokrój awokado i ogórek.
6. Pokrój cebulę na cienkie plasterki.
7. Usuń ogryzek z jabłka i pokrój je.
8. Usuń pestki z brzoskwiń i pokrój je.
9. Delikatnie potrząśnij miską, aby składniki się zmieszały lub ułóż je na talerzu.
10. Dodaj dressing przed podaniem lub po podaniu, wedle własnych upodobań.

Przygotowanie dressingu:
1. W małej misce wymieszaj trzepaczką oliwę z oliwek, sok z cytryny, suszone oregano, suszoną bazylię, rozgnieciony czosnek i sos sojowy.

2. Dodaj czerwone wino (lub ocet winny) i krótko wymieszaj trzepaczką.
3. Przechowuj w słoiku w lodówce do 3 dni.

Właściwości:

Awokado jest uznawane za świetny afrodyzjak od czasów starożytnych Azteków. Owoc ten jest nazywany w języku Azteków „ahucatl", co dosłownie znaczy „jądro". Aztecy tak bardzo wierzyli w zdolności awokado jako afrodyzjaku, że podczas jego zbiorów nie pozwalano dziewicom wychodzić z domów. Francuski Król Słońce Ludwik XIV stosował awokado na swoje libido w późniejszym wieku i nazywał je „la bonne poire", co znaczy „dobra gruszka". Podobne w kształcie do gruszki awokado jest bogatym źródłem witaminy E, która korzystnie wpływa na system odpornościowy i zapewnia naszej skórze młodzieńczy wygląd. Jest bogate w nienasycone tłuszcze, co sprawia, że jest dobre dla serca i arterii a także zapobiega dysfunkcji erekcji. Wysoki poziom kwasu foliowego, witaminy B6 i witaminy B9 występujący w awokado zapewnia ciału wysoki poziom energii i pomaga w podwyższeniu wytwarzania testosteronu. Awokado to bogaty w składniki odżywcze superfood (tzw. super-jedzenie, o znakomitych właściwościach) zawierający ponad 20 różnych witamin i minerałów. Awokado może pomóc Ci chronić swoje ciało m.in. przed chorobami serca, nowotworami, chorobami powodującymi degenerację funkcji wzroku i mózgu.

Szpinak zyskał reputację skarbca składników odżywczych ze względu na swoją zawartość żelaza i mających dobroczynny wpływ na zdrowie karetonoidów (beta karotenu, luteiny i zeaksantyny), które mają działanie przeciwzapalne i antynowotworowe, a także są bardzo istotne dla zdrowia oczu. Jako afrodyzjak szpinak jest uważany za pomocny w produkcji testosteronu i podwyższaniu libido zarówno u mężczyzn, jak i u kobiet, przy równoczesnym hamowaniu produkcji estrogenu u mężczyzn. Jest także doskonałym źródłem witaminy A, witaminy C, witaminy K i kwasu foliowego, a także dobrym źródłem witaminy B2, magnezu, manganu i cynku.

Pestki dyni są od dawna cenione jako bogate źródło cynku. Zawierają L-tryptofan, który przekształca się w serotoninę i niacynę, pomagając nam się zrelaksować i zasnąć. Mają dużą zawartość magnezu, który może obniżać stres i pomagać w wytwarzaniu niektórych hormonów płciowych. Są dobrym źródłem witaminy E, witaminy K, fitosteroli (zmniejszających poziom cholesterolu) oraz wielu innych minerałów takich jak fosfor, mangan, żelazo oraz miedź. 100g pestek dyni zawiera ok. 30 gram białka. Pestki dyni zapobiegają tworzeniu się kamieni nerkowych (kamicy szczawianowo-wapniowej), redukują zapalenia, przynoszą naturalną ulgę w bólach artretycznych i są bardzo korzystne dla zdrowia prostaty.

Ogórek jest jadalną „fontanną młodości" - ze względu na wysoką zawartość krzemionki, która wspiera tkankę łączną i utrzymuje młody wygląd skóry. Ogórek jest uważany za afrodyzjak nie tylko ze względu na swój falliczny kształt, ale głównie ze względu na wysoką zawartość składników odżywczych niezbędnych do utrzymania zdrowia seksualnego. Niektórzy mówią, że zapach ogórka w połączeniu z zapachem czarnej lukrecji jest bardzo pobudzający dla kobiet. Ogórek jest jednym z najzdrowszych pokarmów, gdyż jest pełny fitoskładników (roślinnych związków chemicznych, które mają właściwości ochronne i prewencyjne), takich jak flawonoidy, lignany i triterpeny - o właściwościach przeciwutleniających, przeciwzapalnych/przeciwnowotworowych.

Jabłka powracają w przeróżnych historiach w dziejach ludzkości - nie tylko jako symbol piękna, zdrowia i wiedzy, ale także jako pokusa. Podczas gdy biblijna Ewa kusiła Adama pięknym jabłkiem, starożytny grecki wojownik - zamiast wsunąć pierścionek na palec swojej ukochanej - rzucał do niej jabłko. Jeśli je złapała, byli zaręczeni. Starożytni Rzymianie uważali jabłka za luksusowy afrodyzjak, a perska dziewczyna w czasach antycznych mogła jeść tylko jabłka podczas swojej nocy poślubnej - aby zapewnić sobie płodność. Badacze mówią, że jedzenie jabłek prowadzi do lepszego seksu u kobiet. Owoce te zawierają polifenole i florydzynę (częsty fitoestrogen podobny do estradiolu, który jest żeńskim hormonem płciowym), odgrywające istotną rolę w nawilżeniu pochwy i pomagające w pobudzeniu seksualności u kobiet. Jabłka są także pełne przeciwutleniaczy, które podwyższają naturalne zdolności przeciwstarzeniowe i przeciwnowotworowe naszego organizmu.

Brzoskwinie mają wysoką zawartość witaminy C, w przypadku której wykazano, że podwyższa liczbę plemników i redukuje grudkowatość spermy, równocześnie poprawiając wydolność systemu odpornościowego. Owoce te są bogatym źródłem witaminy A oraz beta-karotenu (poprawia wzrok) i są dobrym źródłem folianu oraz kwasu pantotenowego, niacyny, potasu, ryboflawiny, tiaminy i witaminy B6. Brzoskwinie zapewniają pewien poziom witaminy E i K, a także magnezu, fosforu, cynku, miedzi, manganu, żelaza a także wapnia. Minerały te pracują na korzyść czerwonych krwinek, kości i układu nerwowego.

Maliny są jednym z najbardziej odżywczych pokarmów na świecie. Jako afrodyzjak działają na korzyść zarówno mężczyzn, jak i kobiet. Maliny działają relaksująco na mięśnie w obszarach kobiecych genitaliów, a ich wysoka zawartość związków fitochemicznych stymuluje mózg i podwyższa męskie libido i wytrzymałość. Maliny są bardzo bogate w antocyjaniny, w szczególności kwas elagowy, który ma właściwości przeciwnowotworowe. Badania wykazały, że kwas elagowy powstrzymuje rozrost tkanki powodowany przez czynniki rakotwórcze, równocześnie chroniąc DNA przed uszkodzeniami powodowanymi terapią radiologiczną. Antocyjaniny, które znajdują się w malinach chronią przed chorobami serca i problemami psychicznymi związanymi ze starzeniem - równocześnie pomagając w podwyższaniu poziomu energii i ogólnego dobrego samopoczucia.

Czerwona cebula ma wysoką zawartość siarki, która wspiera naturalną zdolność ciała do detoksu. Siarka wiąże metale ciężkie w naszej krwi i wypłukuje toksyny z naszego ciała, będąc niezbędną dla zdrowia naszych hormonów, nerwów, enzymów i czerwonych krwinek. Cebula (zarówno czerwona, jak i biała) wspomaga układ odpornościowy i jest bogata w kwercetynę (bioflawonoid), która pomaga w pozbyciu się nadmiernego poziomu estrogenu z naszego ciała i stymuluje zdolność naszej wątroby do odtruwania z estrogenu i czynników rakotwórczych. Kwercetyna jest ważna w zapobieganiu lub radzeniu sobie z nowotworem piersi, a także jajników, macicy i prostaty.

Czerwone wino może nas zrelaksować i wprawić w romantyczny nastrój. Zawiera resweratrol - silny przeciwutleniacz, który pomaga w redukcji zapaleń i dosłownie sprawia, że nasza krew „krąży szybciej". Czerwone wino, szampan i wino musujące pozwalają na szybsze wchłanianie alkoholu przez nasz krwioobieg, przyczyniając się do naszego relaksu i promując nasz dobry nastrój w romantycznym otoczeniu. Ogólnie alkohol jest uznawany za afrodyzjak w szczególności z powodu swoich skutków fizjologicznych. Jednak Szekspir powiedział o alkoholu: „Prowokuje pożądanie, ale odbiera wykonanie". Innymi słowy - „mniej" oznacza „więcej".

UWAGA: Jeżeli nie pijesz w ogóle alkoholu, możesz zamienić go na sok z winogron (czerwonych lub białych), jako że zawiera te same ilości resweratrolu co czerwone i białe wino. Innymi źródłami resweratrolu są jagody, żurawiny, kakao, gorzka czekolada, orzeszki ziemne i pistacje. Resweratrol pomaga także w zwalczaniu infekcji grzybicznych, skutków promieniowania ultrafioletowego, stresu i urazów.

W ostatnim rozdziale tej książki („Na Deser") znajdziesz rozszerzoną listę afrodyzjaków. Być może zainspiruje Cię ona do poszukiwania kolejnych przepisów lub wymyślania własnych wyśmienitych posiłków do Miłości.

Dobrej zabawy!

Sekret 12

Podtrzymywanie Przyciągania W Związku

Kochające Serce jest piękniejsze
niż najbardziej atrakcyjna twarz.

Uroda ściera się jak tania farba
bez solidnego gruntu pod spodem.

Czas ciągle płynie, dzień po dniu, minuta po minucie. Czujemy upływ czasu, gdyż podlega zmianom nasze ciało, nasze uczucia, które rosną lub maleją, zmienia się nasz sposób myślenia i zmienia się także nasz związek. Czas upływa z powodu tego, jak działa świat fizyczny/materialny, w którym żyjemy. Pomimo że według mechaniki kwantowej oraz wielu filozoficznych lub duchowych wierzeń czas jest iluzją - czujemy jednak jego upływ w naszym codziennym życiu. Odczuwamy upływ czasu świętując nasze rocznice, urodziny itp. i nadajemy im znaczenie związane z czasem. Obserwujemy, że wszystko, co urodziło się i żyje, każdy organizm, roślina, zwierzę, człowiek, a także minerały, planety i gwiazdy - dochodzi do nieuniknionego fizycznego końca. Całe imperia powstają, rozkwitają i upadają. Fortuny, które urosły poprzez lata, rozpadają się nieraz w gruzy w ciągu jednego dnia., Wielkie cywilizacje rozwijają się, by potem zniknąć. I nie ma w tym żadnej tragedii, taka jest po prostu kolej rzeczy.

Dzięki cyklom życia możemy doświadczać naszego istnienia - mierzonego zarówno czasem, jak i naszym Sercem.

Wszystko, co jest fizyczne/materialne, podlega w jakiś sposób zmianom spowodowanym upływem czasu. Natomiast to, co nie jest materialne - nie zna czasu, zarówno według nauki, jak i antycznych filozoficznych i mistycznych przekazów.

Kiedy dostroimy się do energii Miłości, odczuwamy jej ponadczasowość.

Miłość jako energia nie przemija. Zawsze rośnie.

Czasami widzimy wiekowe już pary, które prawdziwa Miłość powiązała na długie dziesięciolecia. Dostrzegamy, jak młodzi są duchem pomimo zmarszczek i wątłych już teraz ciał. Podziwiamy światło płonące w ich oczach i szczęśliwie uśmiechnięte twarze. Ich jedność w Miłości jest piękna i inspirująca. Nasze własne oczy nabierają blasku, gdy patrzymy na ich Miłość i wzdychamy z tęsknotą za tym, czego im dane było doświadczyć. Zastanawiamy się, jaka jest tajemnica ich Miłości i pragniemy także doświadczyć takiego szczęścia.

Miłość sprawia, że człowiek promienieje radością, niezależnie od upływu czasu.

Bez względu na to, ile mamy lat, czy jesteśmy starsi czy młodzi - kiedy Miłość nas wypełnia, nasze wewnętrzne piękno błyszczy w świecie.

Kiedy ludzie widzą kochającą się parę, często mówią: „jacy wy jesteście piękni". Istotnie, związek dwóch Serc - każde z nich wyjątkowe i pełne zachwytu dla drugiego - jest przepiękny. Na tym polega prawdziwa Miłość: odkrywanie coraz nowych pokładów bycia jednym, podczas gdy podziwia się nawzajem swoje Serca. Tę część nas, która zawiera naszą własną piękną prawdę. Rdzeń naszej istoty, nasze wewnętrzne, nieskażone i pełne mocy jestestwo.

Nieraz słyszymy historie par, których Miłość została wystawiona na jakąś ciężką próbę, wymagającą wiele siły i poświęcenia, podczas gdy oboje musieli zmierzyć się z tym, co mogłoby zniszczyć ich związek. Wzruszają nas te historie, podziwiamy piękne Serca bohaterów, którzy udowodnili swoją prawdziwą Miłość i nigdy się nie poddali.

Wierzę, że każdy z nas ma pewnie więcej niż tylko jedną okazję, aby wyrazić Miłość, która nas wypełnia. Nasze wyzwania mogą nie być tak dramatyczne, jak w opowieściach, które czytamy w książkach lub oglądamy w filmach. Niemniej jednak, nawet jeśli jest to drobiazg, na przykład podejmowanie dodatkowego wysiłku, aby nasza ukochana osoba poczuła się wygodniej, czy udzielając drobnej pomocy, kiedy jej potrzebuje - poprzez bycie świadomym tego, co możemy dla niej/niego zrobić każda taka chwila staje się historią, która opowiada o naszej Miłości.

Patrick i ja także mamy własną historię do opowiedzenia.

Kilka miesięcy po ślubie miałam wypadek, który spowodował, że przez kilka kolejnych lat stałam się całkowicie zależna od pomocy mojego męża. To, co mi się przydarzyło, nie wyglądało na początku bardzo poważnie, ponieważ było to tylko złamanie łokcia - ale szybko stało się prawdziwym koszmarem. Wytworzył się u mnie poważny zespół neurologiczny charakteryzujący się ogromnym ciągłym bólem, zwany Kompleksowym Zespołem Bólu Regionalnego (CRPS) lub Zespołem Sudecka. Jest to wyjątkowo bolesna choroba z całym zestawem powikłań, które sprawiają, że każdy dzień staje się trudny do przebrnięcia. Zespół Sudecka ma wpływ nie tylko na kończynę, która uległa urazowi, ale także na całe ciało, powodując wielkie osłabienie, co sprawia, że trudno się poruszać. Co więcej, kończyna, która uległa urazowi staje się ogromnie wrażliwa na dotyk. Nawet podmuch oddechu na nią skierowany przyprawia o rozdzierający ból. Medycyna nie zna lekarstwa na tę chorobę, a przy tym organizm nie reaguje na żadne środki przeciwbólowe. Jeśli ktoś nabawi się tego syndromu - jest przez niego uwięzionym w miejscu na całe lata. Nie jest się w stanie zadbać o siebie, nie jest się w stanie wykonywać domowych obowiązków i nie jest się w stanie pracować.

Pierwsze dwa lata po wypadku spędziłam siedząc w fotelu - często także w nim śpiąc, ponieważ to była jedyna pozycja, w której mogłam czasem zasnąć. To znaczy wtedy, kiedy w ogóle mogłam zasnąć. Przez większość czasu po prostu płakałam z bólu. Każdy ruch, każdy dotyk powodował tyle bólu, że nie byłam w stanie nosić żadnych ubrań w tamtym okresie, z wyjątkiem piżamy. Byłam całkowicie zależna od Patricka, od jego pomocy przy myciu, jedzeniu - a przede wszystkim od jego cierpliwości i Miłości.

Teraz jest znacznie lepiej, odkąd nauczyłam się jak radzić sobie z tym bólem. Krok po kroku, czerpiąc z mojego doświadczenia jako uzdrowiciel i używając technik starożytnych Mistrzów - znalazłam sposób, by poradzić sobie z moją sytuacją zamiast przyjmować morfinę lub popełnić z bólu samobójstwo - tak jak niestety robi wiele osób cierpiących na ten syndrom. Jednak nie byłabym w stanie tego zrobić bez Miłości i wsparcia Patricka. Jestem w pełni świadoma, jak bardzo poświęcenie mojego męża, jego siła i niewiarygodna troskliwość pomogły mi przetrwać ten najtrudniejszy okres mojego życia. Jestem również świadoma tego, że aby to wszystko wytrzymać, musiałam odnaleźć we własnym Sercu Miłość, która nie pozwoliła mi zrezygnować z samej siebie, z naszego związku i własnego życia. Tak, Miłość dała mi motywację, by iść naprzód, pisać moje książki pomimo łez bólu, spływających mi po twarzy. Energia Miłości pomogła mi otworzyć Serce na życie w sposób, o którym nie miałabym inaczej pojęcia - nawet przy całym moim życiowym doświadczeniu, prywatnym i zawodowym.

Kiedy dostroimy się do energii Miłości, nasze Serce zaczyna żyć pełnią życia.

Właśnie tutaj, teraz, w tej obecnej chwili - odnajdujemy wszystko, co powinniśmy wiedzieć.

Nie tylko rozpoznajemy, co jest naszym życiowym celem, ale zaczynamy nim żyć.

Dla wielu ludzi Miłość pozostaje abstrakcyjną ideą, o ile nie znajdą dostępu do jej energii poprzez Miłość Romantyczną. Dostrojenie się do energii Miłości poprzez doświadczanie jej mocy w miłosnym związku jest najbardziej naturalnym sposobem otwarcia Serca. Wszyscy tęsknimy za Miłością, a kiedy już poczujemy jej energię, nasze życie nabiera zupełnie innego znaczenia. Nie jest już przypadkowe ani sterowane okolicznościami i wypełnione wieczną walką o coś, co pozwala nam poczuć się lepiej na swój temat. Kiedy Miłość nas wypełnia, stajemy się kompletni. Chcemy żyć w sposób, który ma dla nas sens, zgodny z naszą własną prawdą i nie zadowolimy się już niczym innym. Wszystko nabiera kolorów w naszym własnym świecie, gdy wypełnimy się Miłością. Nasze życie odzwierciedla naszą wewnętrzną prawdę. Każde doświadczenie staje się ważne samo w sobie, dlatego że pozwala nam lepiej poznać siebie samych. Kiedy odczuwamy moc Miłości, wszelkie obawy są łatwe do przezwyciężenia.

Moja choroba nie tylko pomogła nam obojgu zjednoczyć się z energią Miłości, ale także uświadomiła nam, jak cenny jest nasz związek. To dzięki temu, że staliśmy się jedną całością każde z nas mogło lepiej poznać własną wyjątkowość. Patrick dowiedział się więcej o swojej własnej mocy, gdyż zaistniała sytuacja wymagała od niego ogromnej siły. Teraz naprawdę wie, ile jest w stanie udźwignąć. Ja, z drugiej strony, nauczyłam się, jak bardzo jestem mocna, pozwalając sobie na pełną bezbronność.

O tak. Był to wielki cios dla mojego ego, kiedy musiałem wyjść z roli producenta i reżysera filmowego i przyznać z pokorą, że potrzebuję pomocy. Poczułam wielkie rozczarowanie, gdy odkryłam, że nie mogę już więcej podążać za swoją życiową pasją - kręceniem filmów - i musiałam spojrzeć na bezpardonową rzeczywistość mojej sytuacji życiowej. Przestałam być atrakcyjna we własnych oczach, pod każdym możliwym względem - i myślałam, że straciłam powody, by cieszyć się życiem. Jednak nasza Miłość ukazała mi to, co naprawdę jest najważniejsze. I wcale nie było to tym, co myślałam. Zdałam sobie sprawę, że nie ma znaczenia, czy będę w stanie jeszcze kiedykolwiek robić filmy, czy nie, czy będę kiedykolwiek znowu w pełni sprawna fizycznie, czy będę mogła robić rzeczy, które robiłam przedtem. To, co było naprawdę istotne to to, że dałam sobie pozwolenie na bycie tym, kim jestem i że nie musiałam już niczego sobie udowadniać.

Nieustające wsparcie mojego męża, jego troskliwość i jego Miłość do mnie pomogły mi zaakceptować tę osobę, którą stałam się z powodu choroby. Patrick pokazał mi prawdziwą wartość mojego Serca. Ciągle przypominał mi o jego pięknie. I pomógł mi w pełni zrozumieć, że pomimo mojej choroby, pomimo bólu i ograniczeń - byłam całością, która jest piękna.

Odkryłam na nowo, co naprawdę znaczy atrakcyjność. Tą pięknością, która nigdy nie blaknie, jest piękno naszego Serca. A prawdziwa Miłość uczy nas tej mądrości.

Wiem. Miałam szczęście. Wyszłam za mąż za człowieka, którego emocjonalna dojrzałość i mądrość życiowa są wyjątkowe - i to nie tylko pośród młodych ludzi. Jednak wiem również, że w każdym z nas istnieją ogromne pokłady takiej mądrości w środku - jeśli tylko pozwolimy sobie otworzyć nasze Serca. Jeśli patrzymy na życie oczami Miłości, zamiast używać filtrów naszego uwarunkowania, zaprogramowania lub lęków - jesteśmy w stanie odkryć własne piękno i po prostu zakochać się w życiu.

Chociaż nasza historia Miłości prawdopodobnie nie jest czymś, o czym słyszy się zbyt często - uważam, że odzwierciedla ona na różne sposoby to, co wiele par przechodzi w trakcie rozwijania się ich relacji. Mają nadzieję na to, co najlepsze, niektóre z ich marzeń rozsypują się w drobny mak, ale potem znajdują sposoby, aby zmienić to, co poszło nie tak, w coś dobrego, solidnego i rzeczywistego.

Każdego dnia wszyscy stawiamy czoła różnym wyzwaniom. Chcemy znaleźć Miłość i cieszyć się życiem. W pewnym momencie zdajemy sobie sprawę, że jesteśmy na rozdrożu, gdzie musimy wybrać to, co dla nas najważniejsze.

Kiedy odkrywamy naszą własną prawdę i zaczynamy nią żyć z głębi naszego Serca - w końcu stajemy się atrakcyjni we własnych oczach. I to jest właśnie ten rodzaj piękna, który nie zależy od niczego: ani od naszego ładnego wyglądu, ani od naszej pozycji społecznej lub sytuacji finansowej, ani też od naszych talentów, albo tego, co jesteśmy w stanie zrobić w życiu.

Nie możemy zachować przyciągania w naszym związku, jeśli nie doceniamy własnego Serca, ani Serca naszej ukochanej osoby.

To prawda naszego Serca czyni nas naprawdę atrakcyjnymi.

Nic innego nie może dorównać temu pięknu.

Nic innego nie wytrzyma upływu czasu.

Sekret 13

Jak Najlepiej Skorzystać z Sekretów Miłości
Oczekiwania a Rzeczywistość

Niezliczone artykuły i materiały przedstawiają nam ideę związków z określonym celem. Internet wypełnił się poradnikami zawierającymi zestawy przeróżnych oczekiwań - począwszy od tego, jakiego rodzaju partnera należy szukać, po reguły określające, co należy w związku osiągnąć lub jakie zasady ustanowić, aby stał się on satysfakcjonujący. Podczas gdy liczba takich porad stale rośnie, wskaźnik rozwodów w ogóle się nie obniża.

Ustanowienie i próba spełnienia oczekiwań nie jest sposobem na dobrą relację. Ani Twoje życie, ani Twój związek nie są żadnym sprawdzianem.

Chociaż tak zwane „cele związku" mogą na pierwszy rzut oka wydawać się niewinne, a może nawet konstruktywne, w rzeczywistości nie dodają niczego do Waszej Miłości. Wręcz przeciwnie - mogą okazać się bardzo szkodliwe dla związku, podważając Waszą prawdziwą wartość i ustawiając Was w pozycji, która narazi Was na ewentualne rozczarowanie. Próby spełniania wzajemnych oczekiwań mogą odebrać Wam radość z bycia razem. A kiedy w związku brak jest Radości, Miłość nie jest w stanie go wypełnić.

Tak, jak nie ma idealnej osoby czekającej na nas gdzieś tam w świecie, tak samo nie ma idealnego modelu związku, który można by zastosować jako matrycę do powielenia we własnym życiu.

Kiedy próbujemy spełnić nasze marzenia o związku, patrząc z tęsknotą na kolorowe „miraże idealnych par" przedstawianych w niektórych czasopismach lub na portalach internetowych, możemy przegapić to, co naprawdę mamy w życiu. Zamiast zastanawiać się, jak sprawić, by ktoś zachował się „we właściwy sposób", dał nam „właściwe odpowiedzi" lub „zgadzał się" z nami - dlaczego nie dowiedzieć się, kim naprawdę jest ta osoba? Możemy być zaskoczeni tym, co on/ona może mieć do zaoferowania światu, a co za tym idzie, co może wnieść w nasz związek.

Każdy człowiek może nieoczekiwanie okazać się prawdziwą „kopalnią diamentów", o niespotykanej jakości i pięknie, jakiego nigdzie indziej nie można znaleźć. Kiedy pozwolimy komuś w pełni wyrazić piękno swojego Serca, ta osoba może wnieść ogromną wartość do naszego życia. Kiedy wspieramy czyjąś wewnętrzną istotę, zamiast próbować dopasować ją do ramek naszej małej fantazji na temat tego człowieka - może stać się on/ona prawdziwie cennym dla nas skarbem.

Zamiast koncentrować się na naszych oczekiwaniach, warto skupić się na tym, co przynosi nam rzeczywistość.

Osoba stojąca u Twojego boku jest wyjątkowa. Związek z nim/nią jest wyjątkowy. Nie można go porównać do żadnego innego związku.

Tworzycie razem swoją piękną historię, która musi zostać opowiedziana.

Pamiętaj o tym, eksplorując dalej Sekrety Miłości w swoim własnym związku. Nie próbuj dopasować tego, co razem macie do jakichś zewnętrznych wzorców. Nie wiesz przecież, co kryje się za czyimiś zamkniętymi drzwiami. Nie wiesz, jaka jest cała prawda o czyimś związku. Widzisz tylko jego „czubek góry", nie zdając sobie sprawy z tego, co tam naprawdę może kryć się pod powierzchnią, podczas gdy idealizujesz (lub potępiasz) coś, czego naprawdę nie znasz.

To, co masz we własnym życiu, jest prawdziwe. Twoje własne doświadczenie jest ważniejsze niż to, co mówią Ci życzliwi przyjaciele, czego oczekuje od Ciebie rodzina i społeczeństwo, lub czego jakikolwiek „Guru od związków i Miłości" próbuje Cię nauczyć. Nie słuchaj ich pomysłów na Twoje życie. Sam/-a znasz siebie najlepiej. Najlepiej też znasz swój związek.

Ty i Twój partner/małżonek jesteście jedynymi budowniczymi Waszego wspólnego szczęścia.

Gdy uznacie szczęście za priorytet w Waszym związku - znajdziecie swoje własne Sekrety na to, jak je osiągnąć.

Wszystko, czego potrzebujecie, to być świadomymi energii Miłości.

Im wyższy poziom naszej świadomości energii Miłości, tym więcej szczęścia jesteśmy w stanie stworzyć w życiu dla siebie i dla innych.

Szczęście pomaga nam generować nowe pomysły, wykraczać poza konkretne informacje, myśleć nieszablonowo i znajdować więcej kreatywnych rozwiązań. Otwiera to drzwi do lepszego zrozumienia mechanizmów życia, poszerzania naszej świadomości istnienia i wychodzenia poza nasze ograniczenia.

To, jak potoczą się losy Waszego związku zależy od Waszego poczucia szczęścia. A Wasze poczucie szczęścia zależy od Waszej świadomości energii Miłości. Wasza świadomość energii Miłości natomiast zależy od tego, czy otworzycie swoje Serca na energię Miłości.

Miłość nigdy nie podda Cię żadnym testom.

Miłość pozwoli Ci być sobą.

Aby dostroić się do energii Miłości, oprócz otwarcia się przed swoim partnerem/małżonkiem, możesz zacząć od obserwowania ludzi i wydarzeń pojawiających się w Twoim życiu. Dostrzeż prawdziwą ludzką życzliwość kryjącą się pod ich niedoskonałościami. Głęboko w środku, wszyscy chcemy tego samego: spokojnego, szczęśliwego i spełnionego życia.

Cała przyroda wyraża radość z życia w taki czy inny sposób: wibruje szczęściem, nie martwi się o rzeczy, nad którymi nie ma kontroli, i najlepiej wykorzystuje to, co jest w jej mocy. Zwróć uwagę jak radosne są zwierzęta, jak pięknie rosną rośliny. Przypominają nam o tym, że nie tylko warto, ale także trzeba po prostu świętować nasze życie.

Miłość tworzy życie i podtrzymuje życie.

Dostrajanie się do energii Miłości równa się nabieraniu zaufania, że w naszym życiu wszystko układa się dobrze - tak, jak jest. Wszystko jest dobrze dzisiaj; wszystko będzie dobrze jutro i każdego dnia. To, co przeżywamy teraz - jest po prostu naszym kolejnym doświadczeniem. To doświadczenie może nam pomóc w rozwoju. Kiedy się rozwijamy, uczymy się prawdziwej wartości każdego życiowego doświadczenia. A gdy doceniamy wszystkie nasze doświadczenia jako równie ważne, wiemy, jak żyć w pełni szczęścia.

Akceptacja samego siebie i docenianie naszego życia musi zacząć się od wewnątrz: pomimo jakichkolwiek okoliczności, poziomu naszych finansów lub stanu zdrowia, albo czegoś, co wydaje się stać na drodze naszej satysfakcji z życia i siebie samych.

Niezależnie od tego, czy chcesz mieć pełną Miłości, satysfakcjonującą relację z samym sobą i ze światem, czy też wolisz zaakceptować brak szczęścia, gorycz i samotność - wymaga to od Ciebie takiej samej energii i wysiłku.

Niezależnie od tego, czy chcesz mieć kochający i satysfakcjonujący związek CZY TEŻ pozwalasz Wam obojgu utknąć w pułapce niespełnionych oczekiwań i braku szczęścia - wymaga to od Ciebie takiej samej energii i wysiłku.

To zależy od Ciebie, nie od kogoś innego lub od jakichkolwiek okoliczności - dokąd chcesz się stąd teraz udać.

Zbierz wszystko, czego się nauczyłeś/-aś i wykorzystaj to jako Inspirację, a nie Regulację.

Daj sobie wolność do odkrywania energii Miłości.

Znajdź radość w świętowaniu swojego życia.

Spraw, aby Twój związek był Waszą własną historią - taką, która jest prawdziwa dla Was.

A potem bądźcie tak mili i szczodrzy - i podzielcie się z innymi Waszymi Sekretami Miłości.

Wszyscy jesteśmy w tym razem.

Wszyscy jesteśmy pełni Sekretów Miłości.

Sekret 14

Na Deser:

Radosna Zabawa i Szczęście

„Niebiańska Miłość" to przydomek dla radości i szczęścia w związku.

SEKRETY MIŁOŚCI DLA KAŻDEGO

 listu do Miłości:

"Droga Miłości,

Pragnę się przedstawić: jestem kimś, kto prawdziwie kocha. Moje serce przepełnia troska, czułość i współczucie. Już się tego sporo „wylało" na moją drugą połowę, na dzieci cierpiące głód w ubogich krajach, na śliczny park w naszej dzielnicy i nasze dwa psy. Ale nadal czuję, że czegoś mi brakuje i nie wiem, co to jest. Czuję, że to, co robię, nie pozostawia mnie z poczuciem pełnej satysfakcji. Pragnę Ci lepiej służyć. Proszę, daj mi znać, co jeszcze mogę zrobić.

Z poważaniem,

Osoba kochająca"

 listu od Miłości:

„Drogi/-a Kochający/-a,

Dziękuję za zaproszenie mnie do Twojego życia. Właśnie skończyłam grę w karty z moim sąsiadem. Serduszkowe kiery były w niej atutem. Wygrałam. Zastanawiam się nad umieszczeniem takiego cytatu na ścianie nad drzwiami wejściowymi do mojego domu: „Wymaluj ołtarze, które dla mnie wznosisz słodką czekoladą. Ściągnij ciężki płaszcz zmartwień i tańcz." Potrzebuję do tego pewnej ręki. Chcesz mi pomóc?

Miłość,

Zawsze tańcząca"

Jednym z największych cudów Miłości jest to, że dawanie Miłości może być bardziej satysfakcjonujące niż przyjmowanie Miłości. Wprowadzenie przy tym radości i zabawy do związku, czyni go nie tylko przyjemniejszym, ale także bardziej interesującym i angażującym dla naszej ukochanej osoby.

Nawiążę w tym rozdziale do kilku tematów, które mogą zainspirować Cię do wprowadzenia więcej radosnej zabawy do Waszej Miłości na co dzień. Wyrażanie Miłości w zabawny sposób może stać się bardzo wciągające ze względu na nieprzewidziane zwroty, jakie może przybierać. Nigdy nie wiadomo, gdzie może Was zaprowadzić radosna interakcja, a Wasza kreatywność na pewno przyniesie Wam wiele satysfakcji. W każdym z nas drzemie poeta, jeśli chodzi o wyrażanie Miłości.

Tradycja flirtowania ze sobą dwojga kochanków jest prawdopodobnie tak dawna jak historia ludzkości. Istnieje mnóstwo wierszy, piosenek i sztuk teatralnych z różnych kontynentów oraz epok ujawniających naszą flirciarską naturę. Niektórzy spośród średniowiecznych trubadurów byli prawdopodobnie zainspirowani stylem zabawy mitologicznych bóstw, które nie były pozbawione tupetu, a nieraz wręcz bezczelności i niegrzeczności podczas angażowania się w swoje romanse.

Oto zabawny dialog pomiędzy trubadurem kobiety i trubadurem mężczyzny - lecz w tym wypadku obaj „negocjujący" w imieniu swoich klientów trubadurzy są kobietami (nie wszystkim jest wiadomo, że trubadurami bywały także poetki-kobiety - co prawda rzadko. Niektóre z nich cieszyły się nawet sławą w swoim czasie, choć nie tak wielką jak ich męscy koledzy po fachu). Poniżej przetłumaczyłam z angielskiego liryczny dialog pomiędzy dwoma znanymi wówczas trubadurkami Almucs de Castelnau i Iseut de Capio (fragment z książki napisanej przez amerykańską pisarkę Meg Bogin *„The Female Troubadours"* - *„O kobietach-Trubadurach"*):

„- Pani Almucs, za Twoją zgodą,

pozwól mi poprosić, abyś

znajdując się w miejscu

pełnym gniewu i złej woli,

okazała życzliwsze usposobienie

wobec tego, który leżąc powoli umiera

pośród wzdychań, jęków i lamentów,

pokornie błagając o łaskę;

Lecz jeśli pragniesz go zabić, pozwól mu otrzymać

święte sakramenty, aby zagwarantować

że powstrzyma się od czynienia dalszych zniewag."

„- Lady Iseut, gdyby okazał najmniejszą skruchę,

może byłby w stanie wymazać

skutki swego haniebnego zachowania

i wtedy może dostałby łaskę odpuszczenia;

Uważam, że bez tego byłoby to nierozsądnym,

ponieważ ten, kto przez swoje milczenie zaprzecza,

że zło uczynił, nie może szukać zmiłowania

u tejże osoby, którą tak ochoczo chciał oszukać.

Mimo to, jeśli możesz zmusić go do pokuty za swoją perfidię,

nie będziesz mieć kłopotów w dyskursie ze mną."

Dla niektórych osób werbalizacja uczuć może nie być łatwa, z różnych powodów. Jednakże, jeśli mamy trudności z powiedzeniem „kocham cię", można spróbować zrobić to w obcym języku - może to okazać się nie tylko łatwiejsze, ale także bardzo romantyczne.

Pisanie miłosnego liściku/maila do ukochanej osoby zawierającego wyznanie Miłości w obcym języku może być świetną zabawą. Można także wyjść z pomysłem na jakieś własne zdania w wymyślonym przez siebie języku, który tylko Wy dwoje będziecie w stanie zrozumieć.

Jak powiedzieć „Kocham Cię" w ponad 130 językach:

Afrykanerski:	Ek het jou lief
Albański:	Te dua
Algonquian:	Kuwumaras
Alzacki:	Ich hoan dich gear
Amharski (Aethio):	Afekrischalehou (do kobiety)
	Afekrishalehou (do mężczyzny)
Amharski (Etiopia):	Ewedishale hu (do kobiety)
	Ewedihale lehu (do mężczyzny)
Angielski:	I love you
Apacze:	Sheth shen zhon
Arabski:	Ana behibek (do kobiety)
	Ana behibak (do mężczyzny)
Armeński:	Tak, kez sirumen
Azerski:	Men seni sevirem
Bambara:	M'bi fe
Bangla:	Aamee tuma ke bhalo baashi
Baskijski:	Maite zaitut
Białoruski:	Ja tiebe kahaju
Bengalski:	Ami tomake bhloashi

Bikolski:	Namumutan ta ka
Bisaya:	Nahigugma ako kanimo
B'laan:	Kando ta ge
Bośniacki:	Volim te
Brazylijski/Portugalski:	Eu te amo
Brazylijski/Galicyjski:	Querote
Bułgarski:	Obiczam te
Chavacano:	Ta jestem contigo
Cebuański:	Nahigugma ko nimo
Chejeński:	Neme'hot'tse
Chiczewa:	Ndimakukonda
Chiński/Mandaryński:	Wo ai ni
Chirokeski:	Tsinehi, Gvgeyuhi
Chorwacki:	Volim te
Czeski:	Miluji te
Duński:	Jeg Elsker Dig
Holenderski:	Ik hou van jou
Eskimoski (Inuktitut):	Negligevapse
Esperanto:	Mi amas vin
Estoński:	Ma armastan sind

Farerski:	Eg elski teg
Farsi:	Doset daram
Fidżyjski:	Au lomani iko
Filipiński:	Mahal kita
Fiński:	Mina rakastan sinua
Francuski:	Je t'aime, Je t'adore
Niemiecki:	Ich liebe dich
Ghana (Aku):	Me dor wo
Grecki:	S'agapo
Gudżarati:	Hu tumney prem karu chu
Hausa:	Ina sonki
Hawajski:	Aloha wau ia oi
Hebrajski:	Ani ohev otach (do kobiety)
	Ani ohevet otchah (do mężczyzny)
Hiligaynon:	Palangga ta gid ka
Hindi:	Main aapse pyar karta hoon karta hoon (do kobiety)
	Main aapse pyar karti hoon (do mężczyzny)
Hiszpański:	Te amo albo Te quiero
Hmong:	Kuv hlub koj

Hopi:	Nu'umi unangwa'ta
Ibaloi:	Ashemek ta ka
Ifugao:	Penpenhod cha-a
Ilokański:	Ay-ayaten ka
Ilonggo:	Palangga ko ikaw
Indonezyjski:	Saya cinta padamu
Irański:	Mahn doostaht doh-rahm
Irlandzki:	Taim i'ngra leat
Irlandzki/Gaelicki:	Gráim thú
Ivatan:	Ichadaw ko imu
Japoński:	Aishiteru
Jawajski:	Kulo tresno
Jidysz:	Ikh hob dikh
Joruba:	Mo ni fe
Jugosłowiański:	Ja te volim
Kambodżański:	Soro lahn nhee ah
Kantoński/chiński:	Ngo oiy ney a
Kataloński:	T'estimo
Kannada:	Naa ninna preetisuve
Kapampangan:	Kaluguran daka

Kikongo:	Muke zolaka nge
Kiniray-a:	Ginapalangga ta ikaw
Kiswahili:	Nakupenda

Klingoński (fantazyjny - „Star Trek"): Qabang, QaparHa'

Konkani:	Tu magel moga cho
Koreański:	Sarang hae
Korsykański:	Te tengu cara (do kobiety)
	Ti tengu caru (do mężczyzny)
Kreolski:	Mi aime jou
Lakota:	Iyotahncheelah
Laotański:	Khoi hak jao
Łaciński:	Te amo
Łotewski:	Es tevi milu
Libański:	Bahibak
Litewski:	Tave myliu
Macedoński:	Te sakam albo Te ljubam
Maguindanaon:	Kalinian ko seka
Malajski:	Saya cinta pada mu
Malajalam:	Njan Ninne Premikunnu
Maltański:	Jien inhobbok

Język Migowy (amerykański):

Język Migowy (polski):

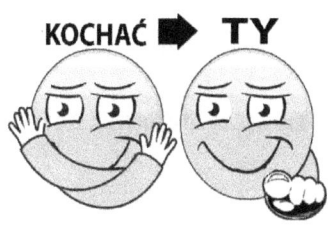

Mandinka:	Je kanu
Maranao:	Pekabaya-ko seka
Marathi:	Me tula pre karto
Mohawk:	Konoronhkwa
Marokański:	Biker Ana moajaba
Nahuatl:	Ni mits neki
Navaho:	Ayóó Áníínishní
Nepalski:	Ma Timilai Maya Garchhu
Niemiecki:	Ich liebe dich
Norweski:	Jeg Elsker Deg
Odżibwe:	Gi-zaagi`in
Pandacan:	Syota na kita
Pangasinan:	Inaro ta ka

Papiamento:	Mi ta stimabo
Pedi:	Kiyahurata
Perski:	Daaram doo-set
Polski:	Kocham Cię
Portugalski:	Eu te amo
Liczby rzymskie mówiące „Kocham Cię":	333
Rumuński:	Te iubesc
Rosyjski:	Ya tebja liubliu
Sambala:	Anlabyen ka ta
Serbski:	Volim te
Język Siuksów:	Techihhila
Słowacki:	Lu`bim ta
Słoweński:	Ljubim te
Somalijski:	Waan ku jecelahay
Surigaonon:	Tahigugma ta kaw
Surinam:	Mi lobi joe
Swahili:	Nakupenda
Szkocki/Gaelicki:	Tha gradh agam ort
Szwajcarski-niemiecki:	Ich lieb di
Szwedzki:	Jag alskar dig

Tagalski:	Iniibig kita
Tausug:	Talasahan ta kaw
Tahitański:	Ua tutaj vau ia oe
Taino:	Nanichi
Tajski:	Phom rak khun (do kobiety)
	Chan rak khun (do mężczyzny)
Tajwański:	Wa ga ei li
Tamilski:	Naan unnai kathalikiraen
T'boli:	Bungnawa hukon
Telugu:	Nenu ninnu premistunnanu
Turecki:	Seni Seviyorum
Ukraiński:	Ya tebe kahayu
Urdu:	Mai aap powiedzieć pyaar karta hoo
Węgierski:	Szeretlek
Wietnamski:	Anh ye em u (do kobiety)
	Em ye ^ uh (do mężczyzny)
Waray-waray:	Pina-wra ta ikaw
Walijski:	Rwy'n dy garu di
Wolof:	Nob nala
Włoski:	Ti amo

Yakan:	Mabaya ku si ka u
Zimbabwe:	Ndinokuda

co powiesz na miłosne pseudonimy? One również mogą być używane jako żartobliwy sposób wyrażania naszego podziwu i Miłości. Być może znajdziesz coś, co pasuje do Twojego stylu spośród tych wymienionych poniżej, a może zainspirują Cię one do stworzenia czegoś słodkiego i spersonalizowanego po swojemu. Łączenie słów „Kocham Cię" w obcym języku z miłosnym pseudonimem może być świetną zabawą podczas zwracania się do naszej ukochanej osoby, albo napisania do niej krótkiej miłosnej karteczki. Proste „Mi ta stimabo Misiaczku!" Lub „Nakupenda Moja Piękności" - może sprawić, że wprawi Was to oboje w świetny humor na cały dzień.

Przykładowe miłosne pseudonimy dla kobiet – w różnych językach:

Alamea (po hawajsku „bardzo droga"), Amada (po hiszpańsku „ukochana") Ammu (po indyjsku „słodkie szczęście"), Anioł, Anima mia (po włosku „moja dusza"), Babe (po angielsku

„dzieciątko") Babylicious (po angielsku „słodkość), Bebe tifi (po tahitańsku „dzieweczka"), Bella mariposa (po włosku „piękny motyl"), Bogini, Bubbles (po angielsku „bąbelek"), Canan (po turecku „ukochana"), Caramella (po włosku „cukiereczek") Cara Mia (po włosku „moja droga"), Cherry blossom (po angielsku „kwiat wiśni"), Chickadee (po angielsku „kurczaczek"), Cookie (po angielsku „ciasteczko"), Cupcake albo Cutie-pie (po angielsku „słodka babeczka"), Czarodziejka, Czarownica, Douceur (po francusku „słodycz"), Doll albo Baby-Doll lub Doll-face (po angielsku „laleczka"), Ebio (po egipsku „miodzik"), Esposa (po hiszpańsku „żona"), Farfalle (po włosku „motyl"), Kruszynka, Liebling (po niemiecku „kochanie"), Ma belle (po francusku „moja piękna"), Mi amor (po hiszpańsku „moja miłości"), Mijn schat (po holendersku „mój skarb"), Mithi (po pendżabsku „słodkości"), Mhuirnín (po irlandzku „kochanie"), Moya golubushka (po rosyjsku „moja gołąbka"), Myszka, Serduszko, Słoneczko, Stokrotka, Szczęście, Żabka itp.

Przykładowe miłosne pseudonimy dla mężczyzn - w różnych językach:

Agapi-mou (po grecku „moja miłość") Amore Mio (po włosku „moja miłość")), Amado (po hiszpańsku „ukochany"), Anioł, Amigo (po hiszpańsku „przyjaciel"), Amante (po hiszpańsku „kochanek"), Babe lub Baby (po angielsku „dzieciaczek"), Baby Cakes (po angielsku „ciasteczko"), Bad boy (po angielsku „zły chłopiec"), Big Guy (po angielsku „duży chłopiec"), Beau-gosse (po francusku „przystojniak"), Bello (po włosku „przystojniak"), Borsuczek, Buziaczek, Chief (po angielsku „wódz"), Cutiepie (po angielsku „słodkość"), G-Man (Gorgeous Man - po angielsku „super przystojny"), Good Looking (po angielsku „przystojniak"), Guapo (po hiszpańsku „dobrze wyglądający"), Gorgeous (po angielksu „super piękny"), Drop Gum (po angielsku „szczęka opada"), Dziubek, Herkules, Hermoso (po hiszpańsku „przystojniak"), Honey (po angielsku „miodzik"), Hot Buns (po angielsku „zgrabny tyłeczek" - męski), Hoshi' (po japońsku „gwiazda"), Kocurek, Lew, Marshmallow (po angielsku „marcepanik"), Mi amor (po hiszpańsku „moja miłość"), Misiaczek, Mooi (po afrykanersku „przystojniak"), Mahi (po indyjsku „partner"), Nibbles (po angielsku - tu w znaczeniu „smaczniutki"), Pucułek, Orgmist (po angielsku dla „mistrza orgazmu"), Ouji (po japońsku „książę"), Sona (po indyjsku „mój drogi"), Stallone (po włosku „ogier"), Tarzan, Tygrysek, Wiking itp.

Wspólna zabawa może przybierać różne formy i oczywiście zależy to od Waszego stylu życia, preferencji i zainteresowań. Dla niektórych wędrówki i wycieczki na wieś lub wyprawa po przygodę w mniej znanych częściach miasta mogą być ulubionym sposobem spędzania czasu we dwoje; inni mogą lubić odwiedzać różne restauracje, by popróbować ich potraw. Niektórzy ludzie regularnie chodzą do teatru lub do opery, inni zaś uwielbiają usiąść na kanapie albo w fotelach przy kominku, popijając wino i słuchając muzyki. Jeszcze inni lubują się w grach planszowych lub karcianych. Wszystko, co czyni bycie we dwoje przyjemnym i radosnym, warto uwzględnić w naszym harmonogramie (nie tylko w początkowych fazach związku - ale już zawsze). Bardzo ważne jest, aby znaleźć czas dla siebie nawzajem, jeśli chcemy, aby nasz związek pozostał ekscytujący i świeży. Z czasem stanie się to naszym przyzwyczajeniem, żeby spędzać każdą możliwą chwilę razem i robić to w przyjemny dla obojga sposób, a wtedy - nawet po dziesięcioleciach nadal będziemy czuć się młodzieńczo, szczęśliwi w swoim towarzystwie i zawsze gotowi na nową przygodę.

Od czasu do czasu dobrze jest też zmieniać rutynę. Jeśli zwykle słuchacie muzyki w zaciszu swojego domu, spróbujcie czasem wybrać się w okolice za miastem i odkrywać nowe krajobrazy. Lub jeśli lubicie jadać w restauracjach, pójdźcie dla odmiany to teatru, itp. Nigdy nie wiadomo, jaką radość sprawi nam próbowanie nowych rzeczy.

Patrick i ja uwielbiamy słuchać płyt winylowych, a nasza kolekcja jest imponująca. Ponieważ ja także jestem miłośnikiem filmów i lubię dobre książki, niedawno wpadłam na pomysł spisywania romantycznych cytatów z filmów i powieści - każdy na osobnej karteczce papieru - a następnie wykorzystania ich do gry, którą wymyśliłam w celu połączenia dwóch przyjemności: słuchania dobrej muzyki i delektowania się dobrą literaturą.

Podczas tej gry, na zmianę każde z nas wybiera jakieś piosenki do zagrania, podczas gdy druga osoba przegląda stosik karteczek z cytatami i wybiera takie, które jej zdaniem najlepiej pasują do danych utworów. Wybieranie i łączenie piosenek i cytatów jest nie tylko świetną zabawą, ale stwarza to też kolejną okazję do wyrażenia naszej Miłości, tym razem używając cudzych słów. Teksty piosenek nie muszą być związane z Miłością. Mogą być o czymkolwiek. Jednak cytaty muszą je uzupełniać w logiczny i żartobliwy sposób. Jest to przyjemne i twórcze wyzwanie, gdyż w ten sposób nadajemy każdemu utworowi zupełnie nowe znaczenie, interpretując je literackim cytatem.

Podczas gry staramy się nie rozmawiać - gdyż chodzi o to, aby w pełni zaangażować się w słuchanie muzyki i czytanie cytatów. Możemy sobie dziękować i komentować tylko pocałunkiem, uśmiechem, westchnieniem, głośnym śmiechem lub kiwając głową albo unosząc brwi. Pozwalamy, aby piosenki i słowa na papierze przemawiały w naszym imieniu, tak więc muzycy i pisarze stają się naszymi własnymi trubadurami.

Każdy cytat musi zostać wybrany przed zakończeniem utworu, który ma interpretować i może być użyty w grze tylko raz - a potem zostaje odkładany na stosik już wykorzystanych cytatów. Osoba, która nie jest w stanie znaleźć cytatu pasującego do tekstu jakiegoś utworu, przegrywa grę. Co do zwycięzcy - jej/jego nagroda jest ustalana każdorazowo na początku gry i każde z nas wybiera, jakiego rodzaju nagrodę chcemy otrzymać w przypadku wygranej. To oczywiście wznosi emocje na kolejny poziom, ponieważ nazywamy tę grę „Zwycięzca bierze wszystko" - a więc same nagrody mogą stworzyć wiele możliwości zabawy. Co się dzieje, jeśli żadne z nas nie wygra? Znowu - decyzja należy do nas.

Jeśli chcesz wypróbować grę „Zwycięzca bierze wszystko",

możesz skorzystać z przykładowych cytatów z literatury, które wybrałam i przetłumaczyłam poniżej. Jeśli Ci się spodobają - użyj ich, jeśli nie - możesz znaleźć wiele podobnych cytatów w Internecie lub poszukać ich w swoich ulubionych książkach lub filmach.

*R*omantyczne cytaty:

„- Im więcej kogoś kochasz - pomyślał - tym trudniej jest to wyznać. Zaskoczyło go, że obcy sobie ludzie nie zatrzymują się nawzajem na ulicy, by powiedzieć 'kocham cię'."
- Z *„Everything is Illuminated" („Wszystko jest iluminacją") Jonathana Safrana Foera*

„- Byłem zdziwiony, że ludzie mogli umierać jak Męczennicy za swoją religię - wzdrygałem się na taką myśl. Nie wzdrygam się więcej - mógłbym być Męczennikiem za moją religię - Miłość jest moją religią - mógłbym za nią umrzeć. Mógłbym dla ciebie umrzeć. (...) Moja miłość jest samolubna.
Nie mogę oddycha bez ciebie."
- *John Keats, z listu do Fanny Brawne*

„Kochaliśmy się miłością, która była czymś więcej niż miłością."
- Z *„Annabel Lee" Edgara Allana Poe*

„Zstąpił, starając się nie patrzeć na nią długo, jakby była słońcem, ale widział ją, jak słońce, nawet bez patrzenia."
- Z *„Anny Kareniny" Lwa Tołstoja*

„Pragnę, abyś wiedziała, że byłaś ostatnim marzeniem mojej duszy."
- Z „A Tale of Two Cities" ("Opowieść o dwóch miastach") Charlesa Dickensa

„Być może jednak romantyzm nie pojawił się w życiu z pompą i hukiem, jak nadjeżdżający uskrzydlony rycerz; może po cichu krążył sobie wokół gdzieś z boku, jak stary przyjaciel; być może ujawniał się w pozornie zwykłej prozie, dopóki jakiś nagły snop światła rzucony na stronice nie zdradził rytmu i muzyki, być może... być może ... miłość wyłoniła się naturalnie z pięknej przyjaźni, jak herbaciana róża o złotym sercu wynurza się z zielonego pąka."
- Z „Anne of Avonlea" autorstwa Lucy Maud Montgomery

„Ona jest przyjaciółką mojego umysłu. Ona mnie scala, stary. Zbiera moje kawałki i oddaje mi je we właściwej kolejności. Dobrze jest, no wiesz, mieć kobietę która jest przyjacielem twojego umysłu."
- Z „Beloved" („Ukochana") Toni Morrison

„Chciałbym wiedzieć, jak cię porzucić".
- Z „BrokeBack Mountain" („Tajemnica BrokeBack Mountain") Annie Proulx

„Ty i ja, to tak, jakby nauczono nas pocałunków w niebie i zesłano razem na ziemię, aby sprawdzić, czy wiemy, czego nas uczono."
- Z „Doctor Zhivago" („Doktor Żywago") Borisa Pasternaka

„Zastanawiam się prawdziwie, co ty i ja robiliśmy do czasu, kiedy się zakochaliśmy? Czy do tej pory nie byliśmy uzależnieni od siebie?"
- Z wiersza „The Good-Morrow" Johna Donne'a

„Powinnaś być całowana i to często, i przez kogoś, kto wie jak."
- Z *„Gone with the wind" („Przeminęło z wiatrem") Margaret Mitchell*

„Zdobędę cię, Jack, w kolejnym życiu...
I będziesz bardzo szczęśliwy."
- Z *„Big Sur" Jacka Kerouaca*

„Teraz, nie zamierzam zaprzeczyć, że byłem świadomy twojego piękna. Ale chodzi o to, że nie ma to nic wspólnego z twoją urodą. Kiedy cię poznałem, zacząłem zdawać sobie sprawę, że uroda jest najmniej ważną twoją cechą. (...) I nie chodzi o to, że chcę cię mieć. Wszystko, czego chcę, to na ciebie zasłużyć. Powiedz mi, co mam robić. Pokaż mi, jak się zachować.
Zrobię wszystko, co zechcesz."
- Z *„Dangerous Liaisons" („Niebezpieczne związki") Choderlosa de Laclos*

„Nigdy nie miałem wątpliwości. Kocham Cię. Wierzę w ciebie całkowicie. Jesteś mi najdroższą osobą.
Powodem, dla którego żyję."
- Z *„Atonement" („Zadośćuczynienie") Iana McEwana*

„Zestarzej się razem ze mną! Najlepsze jeszcze przed nami."
- Z *„Rabbi Ben Ezra" Roberta Browninga*

„Kocham cię tak, jak pewne „ciemne" sprawy są kochane, w sekrecie, pomiędzy cieniem a duszą."
- Z *kolekcji „100 Love Sonnets" („100 Sonetów miłosnych") Pabla Nerudy*

„Nie wiem, jak się nazywają odstępy pomiędzy sekundami - ale zawsze myślę o tobie w tych interwałach."
- Z *„The People of Paper" („Ludzie z papieru") Salvadora Plascencii*

„Wątpić możesz, że gwiazdy są z ognia; Nie wierzyć możesz,
że słońce się porusza; Prawdę możesz mieć za kłamcę;
Lecz nie wątp, nigdy, że cię kocham."
- Z „Hamleta" Williama Shakespeare'a

„Ale ja, będąc ubogim, posiadam tylko moje marzenia;

Rozpostarte pod twoimi stopami;

Delikatnie krocz, gdyż stąpasz po moich marzeniach."
- Z „He Weishes for the Cloth of Heaven" („On pragnie szaty z niebios") W.B. Yeats

„Kiedy nadejdzie ten dzień, w którym pomrzemy na zawsze się rozstając (...), jeśli moje ostatnie słowa nie będą „kocham cię" - to znaczy, że zabrakło mi już czasu, by je wypowiedzieć."
- Z „Outlander" Diana Gabaldon

„Jeśli dożyjesz stu lat, to ja chcę żyć sto lat minus jeden dzień,
tak, by nigdy nie musieć żyć bez ciebie."
- Z „Winnie The Pooh" („Kubuś Puchatek") A.A. Milne

„Poznałem na ulicy bardzo ubogiego, zakochanego młodego
człowieka. Jego kapelusz był stary, jego płaszcz był wytarty
i miał na łokciach dziury; woda wlewała mu się do butów,
a gwiazdy wnikały przez duszę."
- Z „Les Misérables" („Nędznicy") Victora Hugo

„Na mą duszę, nie mogę jeść, pić ani spać; ani co gorsza,
kochać żadnej innej kobiety na świecie oprócz niej."
- Z „Clarissa, or the History of a Young Lady" („Clarissa, czyli historia Młodej Damy") Samuela Richardsona

„Nie jestem nikim szczególnym; zwykły człowiek z powszednimi myślami, który prowadził powszednie życie. Nikt nie wystawi mi pomników a moje imię wkrótce zostanie zapomniane. Ale pod jednym względem udało mi się osiągnąć coś godnego uwagi, tak, jak każdemu, kto kiedykolwiek żył: kochałem kogoś z całego serca i duszy; i dla mnie to zawsze wystarczyło."
- Z „The Notebook" („Notatnik") Nicholasa Sparks'a

„Przeszywasz moją duszę. Jestem na poły w agonii, na poły wypatruję nadziei. Nie mów mi, że już za późno, że te cenne uczucia zniknęły na zawsze. Ofiaruję ci się ponownie z sercem jeszcze bardziej oddanym niż to, które prawie zostało złamane."
- Z „Persuasion „ („Perswazja") Jane Austen

„Kochać lub być kiedykolwiek zakochanym. Nie proś o nic więcej. Nie ma nadto żadnej innej drogocennej perły, którą można by znaleźć w ciemnych zakamarkach życia."
- Z „Les Misérables" („Nędznicy") Victora Hugo

„Pragnę zrobić z tobą to, co wiosna robi z drzewami wiśniowymi."
- Z „Twenty Love Poems and Song of Despair" („Dwadzieścia wierszy miłosnych i pieśni rozpaczy") Pablo Nerudy "

„Tak właśnie zawsze jest. Za każdym razem przytrafiasz mi się na nowo."
- Z „The Age Of Innocence" („Epoka niewinności") Edith Wharton

„Każdy atom twojego ciała jest dla mnie tak samo cenny jak mój: w bólu i chorobie nadal będzie najdroższy."
- Z „Jane Eyre" Charlotte Brontë

„Od twych bioder aż do twych stóp

Chcę odbyć długą podróż."

- Z „The Insect" („Owad") Pablo Nerudy

„Kiedy jestem z tobą, jedyne miejsce, w którym pragnę być, to tylko jeszcze bliżej."

- Autor nieznany

„Więc czekam na ciebie jak samotny dom

aż ujrzysz mnie znowu i tu zamieszkasz.

Do tego czasu moje okna bolą."

- Z kolekcji „100 Love Sonnets" („100 Sonetów miłosnych") Pabla Nerudy

„Gdybyśmy mieli żyć choćby tysiąc lat, przez wszystkie chcę należeć do ciebie. Jeśli mielibyśmy przeżyć tysiące żyć, pragnę cię mieć w każdym z nich."

- Z „The Evolution of Mara Dyer" („Ewolucja Mary Dyer") Michelle Hodkin

„To sprawiło, że lepiej cię kocham... uczyniło mnie mądrzejszym, swobodniejszym i jaśniejszym. Kiedyś chciałem bardzo wielu rzeczy i byłem zły, że ich nie miałem. (...) Teraz jestem naprawdę usatysfakcjonowany, ponieważ nie mogę nawet pomyśleć o niczym, co mogłoby być lepsze."

- Z „The Portrait Of A Lady"(„Portret damy") Henry Jamesa

„Było mi niedobrze i swędziało mnie całe ciało. Więc albo byłem zakochany albo miałem ospę."

- Woody Allen

„Kocham twoje stopy

choćby tylko dlatego, że przemierzyły

ziemię i stąpały

po wietrze i wodzie,

dopóki mnie nie znalazły."

- Z wiersza „Your Feet" („Twoje stopy") Pabla Nerudy

Piszę te zdania o świcie. Słońce wzeszło za oknem naszej sypialni, sięgając zalotnie przez żaluzje błyszczącymi palcami jutrzenki. Patrick wciąż jeszcze śpi, oddychając równomiernie w rytm swoich spokojnych snów.

Obudziłam się dziś wcześnie rano. Wiem, że nadszedł czas, aby dokończyć ten rozdział i pozostawić Cię Twoim własnym przemyśleniom o Miłości, o Twoim związku (lub jeśli w nim nie jesteś - o tym, jaki mógłby być) i co teraz z tym wszystkim możesz zrobić.

Bez względu na to, co wybierzesz lub jakie wnioski wyciągniesz po przeczytaniu tej książki, pamiętaj o dwóch rzeczach:

Pierwsza: Miłość Cię znajdzie, nie ważne gdzie się schowasz - nawet jeśli tylko zerkniesz na nią przez nieśmiało uchylone drzwi do Twojego Serca. Znajdzie Cię, przytuli i ucałuje. Być może w nos - bo Miłość to zabawa, czułość, promienny śmiech, miękki kocyk, śmiała przygoda i bezpieczna noc. Miłość jest wszystkim co piękne i co pożądane. Miłość może być wszystkim, czym chcesz.

Druga: Miłość nigdy Cię nie opuści. Niektórzy ludzie mogą odejść, ale nie Miłość. Miłość nie jest „przytwierdzona" do żadnej osoby. Jedyna szczególna więź, jaką na zawsze posiada, to ta, którą sobie wypracuje z Twoim Sercem. Kiedy w pełni pozwolisz jej zagościć w swoim Sercu, staje się ono jej domem. Na lepsze i na gorsze. Na tę chwilę i na zawsze. Bez końca.

Miłość niczego od Ciebie nie potrzebuje. Nie jest zależna od Twojej dobrej woli i nastrojów. Jest bogata z natury i sprawi, że Twoje życie będzie zawsze świętem pełnym szczęścia - niezależnie od tego, gdzie i jak mieszkasz.

Im więcej Miłości dzielimy, tym więcej Miłości odczuwamy. Energia Miłości jest niesamowicie hojna i wzrasta w każdych warunkach i w każdy możliwy sposób. Nie potrzebuje naszej pomocy, aby gdziekolwiek dotrzeć. Jeśli pozwolimy jej po prostu być, sama zrobi wszystko, co trzeba.

A jeśli chcesz nakarmić swoją Miłość, nakarm ją dobrze. Uwielbia zdrowe pożywienie, afrodyzjaki i świeże, smaczne posiłki. A to pozwala jej na „romansowanie" z każdym kęskiem i łykiem.

***O**to lista afrodyzjaków, które możesz wypróbować:*

Abalone (ślimak morski), Absynt (wysokoprocentowy napój alkoholowy na wyciągu z ziół), Acai (jagoda palmy brazylijskiej), Ananas, Anyż, Arbuz, Awokado

Banany, Bazylia, Brzoskwinie, Buraki

Czekolada, Czereśnie, Czerwone wino, Cynamon, Czosnek

Dynia (nasiona)

Estragon

Figi, Fugu (uwaga: Fugu to trująca ryba, z której Japończycy przygotowują świetne danie - ale może okazać się śmiertelne, jeśli jest źle przyrządzone)

Gałka muszkatołowa, owoc Granatu, Grzyby

Nasiona Hemp, Homar

Imbir

Jabłka, Jagody, Jagody goji, Jajka, Jarmuż, Jeżowiec morski (Uni),

Kava (pieprz metystynowy), Kawior, Kolcobrzuch/Rozdymka (rodzina ryb morskich),

Koper, Krewetki

Lawenda, Liść laurowy, Łosoś

Maliny, Malwa, Małże, owoc Mango, Morele, Mięta, Migdały, Miłorząb (wyciąg z liści), Musztarda

Ogórki (świeże), Oliwa z oliwek, Orzechy, Ostrygi, Owies (płatki),

Papryczki chili, Pieprz czerwony i czarny, Pomidory, Przegrzebek zwyczajny (Scallops - owoce morza)

Rozmaryn, Rekin, Rukola, Rzodkiewki

Szafran, Szampan, Seler, ser, Szparagi, Strzykwa (ogórek morski), Sushi, Syrop klonowy

Trufle, Tuńczyk, Truskawki,

Wanilia, Winogrona, Woda kokosowa, Wodorosty morskie

Korzeń Żeń-szenia, Żurawiny

Yarsagumba (tybetański grzyb, rosnący wysoko w górach, z którego produkowany jest lek na impotencję u mężczyzn)

Przebywanie, cieszenie się i dzielenie się Miłością jest dla nas tak samo naturalnym odruchem jak oddychanie. Łatwo zapomnieć o tym w codziennej gonitwie, albo stłumić w sobie ten naturalny instynkt, ponieważ ktoś nauczył nas życia w lęku.

Kiedy Patrick się obudzi, pierwszą rzeczą, którą zrobi, będzie szukanie mnie, kiedy zobaczy, że nie ma mnie w łóżku. Domyśli się pewnie od razu, że pospieszyłam o świcie z moim laptopem, aby usiąść w moim ulubionym fotelu w saloniku, gdzie zwykle piszę. Będzie zaskoczony, gdy powiem mu, że już kończę ostatni rozdział. Mój mąż wie doskonale, jak cenna jest dla mnie ta książka i jak bardzo uwielbiam pisać o Miłości.

Och, zatem nie kończmy tego tematu o Miłości. Być może zechcesz nam opowiedzieć o swoich własnych przeżyciach. Założyliśmy grupę na Facebooku, pod nazwą „Sekrety Miłości dla każdego", gdzie można podzielić się swoimi przemyśleniami, zobaczyć, co inni mówią o Miłości i swoich własnych związkach, porozmawiać o tematach zawartych w tej książce, zadawać pytania lub udzielać odpowiedzi.

Kontynuujmy rozmowy o Miłości. Nie zapominajmy, że wszyscy jesteśmy w tym razem.

Życzę Ci cudownie kochającego dnia, zostawiając dla Ciebie tę Afirmację Miłości:

„Moja Radość otwiera mnie na Miłość.

Pozwalam, aby Miłość swobodnie płynęła przeze mnie .

Wiem, jak dawać Miłość i wiem, jak otrzymać Miłość.

Znajduję Szczęście wewnątrz, a także we wszystkim, co mnie otacza. Zawsze jest przecież coś, za co mogę być wdzięczny/-a.

Uwielbiam patrzeć, jak wszyscy i wszystko wokół mnie rozkwita.

Cieszę się, że mogę być częścią tego wspaniałego dzieła, złożonego z życia i doświadczeń.

Jestem wdzięczny/-a, że tu jestem.

Moje życie jest wypełnione Miłością."

Johanna Kern

Toronto, w kolejny piękny poranek, pełen Miłości

O AUTORCE

Johanna Kern to kanadyjska reżyserka, producentka filmowa, scenarzystka, wielokrotnie nagradzana pisarka oraz mentorka rozwoju. Mieszka ze swoim mężem Patrickiem Kern w Toronto w Kanadzie.

W 1993 r. Johanna Kern zaczęła doświadczać spontanicznych transów, w których przenosiła się do starożytnej świątyni, gdzie otrzymywała nauki od starożytnego Mistrza. W tamtych czasach nie było łatwego dostępu do Internetu i nie było wystarczająco dużo informacji, które mogłaby znaleźć i które mogłyby pomóc jej zrozumieć to, co jej się przydarzało. Bała się.

A jednak uznała, że nie ma innego wyjścia, jak zaakceptować

swoje przeznaczenie i wejść na nową ścieżkę, która właśnie zaczęła się przed nią rozwijać.

Wymagało to dużo odwagi i zaufania, by dokonać przeskoku ze swojego codziennego życia, wypełnionego po brzegi planami i zadaniami, i pójść za głosem powołania.

Oto w jaki sposób Iwona Majewska-Opiełka - psycholog i autorka wielu książek, wspomina swoje spotkanie z Johanną Kern w Toronto i mówi o jej pierwszej książce *Mistrz i Zielonooka Nadzieja*:

"Kiedy Johanna Kern na sesji terapeutycznej opowiedziała mi o swoich doznaniach, nie od razu w nie uwierzyłam. Była połowa lat 90-tych ubiegłego wieku. Nikt wtedy nie mówił głośno o alternatywnych światach. Przyglądałam się jej zatem, szukając mistyfikacji lub zaburzeń świadomości czy percepcji. Nie znajdowałam. A kiedy przeczytałam jej spójne, mądre, a jednocześnie proste i intuicyjnie prawdziwe zapiski, pomyślałam sobie, że taka młoda osoba bez dyplomu z fizyki czy filozofii nie mogła tego stworzyć. Podobnie czułam czytając *Kurs Cudów*. Uznałam, że wiedza ta musi pochodzić z innego źródła. Z wyższego, bardziej rozumnego.

Jej pierwsza książka jest piękną historią i teorią ujętą w lekką formę. Niech nas nie zwiedzie ta forma, docierajmy do sedna nauk w niej zawartych. Jest w nich mądrość i nadzieja. Jest też miłość, z której niemal wyłącznie składa się Autorka. Poznając ją, trzeba ją po prostu kochać.
Jestem przekonana, że lektura książki *Mistrz i Zielonooka Nadzieja* okaże się fascynująca i transformująca życie każdego Czytelnika."

Nauki, które Johanna Kern otrzymywała w głębokich transach, zbiegały się z jej doświadczeniami życia codziennego, zarówno w życiu osobistym, jak i zawodowym. Były zaprojektowane w ten sposób, bo mogła w pełni ich doświadczyć, a nie tylko zdobywać wiedzę intelektualnie za pomocą umysłu. Dały jej one odpowiedzi na najważniejsze pytania, jakie ludzie stawiają sobie od wieków, i dały jej nowe spojrzenie na wszystko, co uważamy za kluczowe - nas samych, nasze pochodzenie i cel naszego istnienia:

- od tego, czym jest nasza egzystencja, do tego, jak osiągnąć prawdziwe szczęście, sukces, moc, obfitość oraz wolność od wszelkich ograniczeń; od tego, jak nasze myśli funkcjonują w polu energii, którego wszyscy jesteśmy częścią, do tego, jakie jest znaczenie i charakter ducha, materii, życia, śmierci i czym tak naprawdę jest *Cykliczne Koło Tworzenia*.

Od tego czasu jej własne doświadczenia życiowe pokazały jej, że uzyskując dostęp do rdzenia naszej istoty, możemy naprawdę wieść szczęśliwe życie w spełnieniu, miłości i harmonii z własną wewnętrzną prawdą. Od wielu lat doradza ludziom w sprawach zdrowia, duchowości, emocji, rodziny, relacji, życia i kariery.

Jej małżeństwo z Patrickiem szybko stało się przykładem związku, który nie tylko jest przepełniony Szczęściem i Miłością, ale także ma wspaniały cel - pozwala obojgu partnerom rozwijać się i rozkwitać w przeróżnych aspektach. Para jest postrzegana jako tworząca naprawdę wyjątkowy związek wśród bliższych i dalszych znajomych, a ich pełna miłości, radości i troski postawa zjednuje serca nawet nieznajomych - wszędzie, gdzie się pojawią.

Oto jak Johanna Kern opowiada o swoim związku w wywiadzie

dla Wellnessday.eu:

„Znaliśmy się wcześniej wiele lat poprzez krąg wspólnych przyjaciół, lubiliśmy się owszem, ale nie na tle romantycznym. Nigdy nie patrzyłam na Patricka jak na potencjalnego partnera - jest ode mnie o wiele młodszy, a ja lubię w ludziach dojrzałość. Natomiast kiedy przypadkowo zaczęliśmy spędzać ze sobą coraz więcej czasu, nagle ze zdziwieniem odkryłam, jak bardzo ten młody mężczyzna jest dojrzały życiowo. Ale to oczywiście nie wystarczyło, abym się w nim romantycznie zainteresowała. Byłam wtedy przekonana, że wolę pozostać już sama (po pierwszym małżeństwie). Moje życie zawsze było i do tej pory jest wypełnione po brzegi - wydawało mi się, że wystarczy mi to, co mam: bogate przeżycia, mnóstwo wspaniałych ludzi na mej drodze, ciekawy styl życia, ogrom okazji do tego, żeby być kreatywną. Lubiłam swoje życie i niczego mi w nim nie brakowało. Aż tu nagle... no tak. Patrick nie dawał za wygraną. Wniósł w moje życie całkiem inne kolory, jakby pełniejsze. Otworzyły się jakieś inne obszary, gdzie już nie ja, tylko my, cieszyliśmy się i pogodą i niepogodą, ciepłem lub zimnem wieczorów, dalszym odkrywaniem siebie, odnajdywaniem iskierek radości w minutach, godzinach i dniach. I od tych iskierek rozpaliło się wielkie uczucie i zmiotło nas jak radosna fala. Już nie umieliśmy być bez siebie. Poszły w kąt wszystkie wątpliwości. Kiedy zaczyna się prawdziwa miłość, kończy się oczekiwanie czegokolwiek, a zaczyna się wspólna podróż. Podróż nie po szczęście, bo ono już jest. Tylko po to, żeby to szczęście „przerabiać" razem."

Wzięli ślub 21 grudnia 2012 r. - w dniu, który przez różnych ludzi szukających sensacji był przepowiadany - rzekomo zgodnie z przewidywaniami Majów - jako dzień, w którym miał nastąpić „koniec świata".

„Oczywiście nie było żadnej katastrofy kończącej żywot naszej planety" mówi Johanna. „Jest za to wspaniała miłość, którą Patrick i ja nadal pielęgnujemy i którą się cieszymy."

W 2013 r. Johanna Kern opublikowała pierwsze wydanie swojego zbioru wspomnień i niektórych lekcji, jakie otrzymała w swoich transach po tytułem *Mistrz i Zielonooka Nadzieja*, opierając się na pamiętniku, który prowadziła przez te wszystkie lata. Nie była pewna, czy dobrze robi. Jej profesjonalna kariera filmowca nabierała rozpędu i obawiała się, że jej nietypowa historia może tej karierze zaszkodzić.

Ku jej zdziwieniu, nic takiego się nie stało. Co więcej, jej historia zyskała międzynarodowy rozgłos i uznanie w Ameryce Północnej i Europie, otrzymując wyróżnienia na międzynarodowych festiwalach książek w Nowym Jorku i San Francisco oraz referencje od trzech światowej klasy ekspertów:

- **Prof. dr. hab. Stanley'a Krippnera** - profesora psychologii na Uniwersytecie Saybrook; byłego Prezesa Stowarzyszenia Psychologii Humanistycznej, Parapsychologicznej oraz Towarzystwa Badań Snów; członka Amerykańskiego Towarzystwa Psychologicznego, Naukowego Towarzystwa ds. Badań nad Seksem, Amerykańskiego Stowarzyszenia Psychologów, Amerykańskiego Towarzystwa Hipnozy Klinicznej oraz Naukowego Towarzystwa ds. Badań nad Religią,
- **Prof. dr. hab. Jerry'ego Solfvina** - profesora Centrum Studiów Indyjskich przy Uniwersytecie Massachusetts, byłego dyrektora podyplomowych studiów parapsychologii na Uniwersytecie im. Johna F. Kennedy'ego w Kalifornii; dr Solfvin kontynuuje badania naukowe na temat PSI oraz efektów placebo,
- **Briana Van der Horsta** - pisarza, dziennikarza, terapeuty i konsultanta; głównego moderatora w Europie „Integral Institute" Kena Wilbera; wymieniony w „Kto jest kim na świecie" od 1994 r. oraz „Kto jest kim w

Ameryce" od 2007 r.

Oto jak autorka, swoimi własnymi słowami, opisuje początek historii, która zmieniła całe jej życie, w dwukrotnie nagradzanej książce *Mistrz i Zielonooka Nadzieja*:

„Witaj, Córko - powiedział Mistrz. I tak się to wszystko zaczęło. Stałam twarzą w twarz z Najwyższym Kapłanem. Patrzył na mnie głęboko, intensywnie, prawdziwie. Czułam jak jego oczy szukają czegoś we mnie i poza mną. - No to doigrałam się - pomyślałam - i jak ja mam z tego wybrnąć? Ta moja wieczna potrzeba wrażeń! Ta nieustająca chęć poznania wszystkiego za wszelką cenę...! Tak to się właśnie często kończy, że pakuję się w tarapaty. I tak oto znowu znalazłam się w bardzo dziwnej sytuacji: zagubiona gdzieś w starożytności, stałam pośrodku jakiejś świątyni, zupełnie sparaliżowana wzrokiem jej Najwyższego Kapłana. Czułam, jak moja wola pod wpływem jego mocy topniała, opuszczając mnie szybko. - Całkiem nieźle - pomyślałam - chyba wystarczająco dużo wrażeń dla ciebie, moja droga? Jak się tutaj dostałam...? Nie, nie wynalazłam wehikułu czasu. Nawet gdybym w takie machinerie wierzyła i tak nie miałabym dość rozumu, żeby to wymyślić. Nie eksperymentowałam też z narkotykami ani z żadnymi substancjami halucynogennymi. Nigdy mnie to nie interesowało. Nie wiem, co przywiodło mnie do starożytnej świątyni, gdzie Najwyżsi Kapłani panowali nad duchem i materią. To, co się wydarzyło, kompletnie wychodziło poza wszelkie moje wyobrażenie. Byłam przecież zupełnie przeciętnym człowiekiem, w niczym nie różniłam się od innych i w moim pojęciu byłam dość dobrze wychowana. Miałam trzydzieści dwa lata, moje życie wypełnione było różnymi obowiązkami i nie było w nim miejsca ani czasu na jakiś magiczny czy mistyczny nonsens."

Mimo że historia Johanny Kern może się niektórym wydawać

spełnieniem marzeń, ona sama musiała zapłacić wysoką cenę za to, czego się nauczyła. Wymagało to od niej zostawienia za sobą wszystkiego, co kochała czy wiedziała, i zostania uczniem Mistrza. Transy trwały, a ona musiała przejść kilka inicjacji na przestrzeni lat, by dojść do kolejnych poziomów swojej nauki w zakresie tej niezwykłej wiedzy, by w końcu samej stać się Mistrzem.

Kiedy ludzie znajdujący się na różnych etapach życia zaczęli pojawiać się na jej drodze i prosić o radę, leczenie lub wskazówki, wszystko wydawało się dziać w sposób naturalny, tak jakby jakoś wiedzieli, jak ją znaleźć i jakby wiedzieli, że ona może im pomóc.

Nie ujawniając źródła swoich umiejętności i wiedzy, będąc cały czas pełnoetatowym filmowcem, stała się doradcą, uzdrowicielem i nauczycielem. Uważała, że to, co otrzymała było darem dla wszystkich, a nie tylko dla niej.

Jej druga książka *365 (+1) Afirmacji Pięknego Życia: Wieczysty Kalendarz Sukcesu, Szczęścia, Zdrowia i Dostatku*, zawiera specjalny program do przeprogramowania podświadomości czytelnika za pomocą mądrości starożytnych Mistrzów. Po książce tej powstała seria nagrań MP3, a także więcej książek, opartych na naukach, jakie kiedyś otrzymała, a teraz szerzy, Johanna Kern.

Jej książki i nagrania MP3 są dostępne w kilku językach na całym świecie poprzez Amazon i wiele innych popularnych detalicznych sklepów internetowych, a w Polsce można je nabyć na jej stronie oficjalnej.

Stworzyła także serię dziewięciu godzinnych programów radiowych po tytułem *Życie, jakiego chcesz, jest Twoje*, która był nadawana w brytyjskim radiu Islanders (archiwa można znaleźć na jej stronie internetowej), rozwija także swój kanał na YouTube.

W 2013 r. Johanna Kern i Patrick Kern założyli organizację non-profit *Humans Of Planet Earth ASSN. (HOPE) - Ludzie z Planety Ziemia - w skrócie HOPE, czyli Nadzieja,* by wspierać ludzi w ich rozwoju i pomagać im mieć życie, jakie jest im pisane: w prawdziwym szczęściu, zdrowiu, z poczuciem sensu i spełnienia.

Autorka regularnie pisze i nagrywa, dzieląc się swą wiedzą na swojej stronie oficjalnej w Polsce: http://johannakern.pl/ a w Kanadzie i Stanach Zjednoczonych https://johannakern.com/ .

Czytelnicy mogą się z nią tam kontaktować, zadawać pytania oraz dzielić się własnymi doświadczeniami.

Johanna Kern w polskiej Wikipedii:
http://pl.wikipedia.org/wiki/Johanna_Kern

PUBLIKACJE JOHANNY KERN

NAGRODY AUTORSKIE:

The Birth of a Soul (Narodziny Duszy) -Nagroda na Międzynarodowym Festiwalu książek w Nowym Yorku

The Birth of a Soul (Narodziny Duszy) - Nagroda na Międzynarodowym Festiwalu książek w San Francisco

Master and the Green-Eyed Hope (**Mistrz i Zielonooka Nadzieja**) - Nagroda na Międzynarodowym Festiwalu książek w Nowym Yorku

Master and the Green-Eyed Hope (**Mistrz i Zielonooka Nadzieja**) - Nagroda na Międzynarodowym Festiwalu książek w San Francisco

365 (+1) Affirmations to Supercharge Your Life **(365 (+1) Afirmacji Pięknego Życia)** - Nagroda na Międzynarodowym Festiwalu książek w Los Ageles

Secrets of Love **(Sekrety Miłości)** - Nagroda na Międzynarodowym Festiwalu książek w Los Ageles

Shadowland: The Legend (**Kraina Cieni: Legenda**) - Nagroda na Międzynarodowym Festiwalu książek w Nowym Yorku

Shadowland: The Legend (**Kraina Cieni: Legenda**) - Nagroda na Międzynarodowym Festiwalu książek w San Francisco

KSIĄŻKI W JĘZYKU POLSKIM:

„Mistrz i Zielonooka Nadzieja" - dwukrotnie nagrodzona autobiografia:
Johanna Kern opowiada swoją historię niezwykłych przeżyć z Mistrzem

poznanym podczas spontanicznych transów, których niespodziewanie zaczęła doświadczać wiele lat temu. Wypełniona zabawnymi „scenami" ze starożytnej świątyni oraz historiami z osobistego i zawodowego życia uznanego filmowca, książka ta jest znakomitą rozrywką, jednocześnie przedstawiającą unikalne podejście Mistrza i autorki do nauk psychologii, samorozwoju, fizyki kwantowej, filozofii i religii. Książka ta stanowi wspaniałą lekturę dla każdego, kto lubi dobrze się bawić, pośmiać, popłakać, dawać się ciągle zaskakiwać, oraz jest w stanie wyjść poza schematy własnego umysłu i dać się ponieść do krainy pełnej przygód i niezwykłej magii.

„Narodziny Duszy" - kontynuacja książki „Mistrz i Zielonooka Nadzieja", również dwukrotnie nagrodzona:

Napisana w tym samym stylu. Johanna Kern dzieli się odpowiedziami jakie znalazła na pytania, które od wieków zajmują ludzki umysł:
Czym tak naprawdę jest nasza Dusza? Czy może być wieczną?
Co to jest Świat Duchowy / Niebo / Tereny łowieckie / Zaświaty?
Czym jest Bóg / Bogini / Najwyższa Istota / Najwyższa Wibracja?
Jaki jest cel naszego cielesnego istnienia?
Co się dzieje po naszej śmierci?
A co z naszą wolną wolą? A co z przeznaczeniem? I – dokąd możemy się stąd udać?

„365 (+1) Afirmacji Pięknego Życia: Wieczysty Kalendarz Sukcesu, Szczęścia, Zdrowia i Dostatku":

Wysoce skuteczna, prosta metoda poprawy dowolnej sytuacji życiowej. Czerpiąc z 20-letniego doświadczenia jako uznana kanadyjska producentka i reżyserka filmowa, prezeska, dyrektorka oraz mentorka rozwoju/transformacji życiowej, a także wykorzystując narzędzia starożytnych Mistrzów, Johanna Kern zaprojektowała zestaw codziennych afirmacji pozwalających stopniowo, krok po kroku, przeprogramować podświadomość. Można stosować je w celu ulepszenia swojego życia, kariery zawodowej, sytuacji finansowej, zdrowia, związków, rozwiązania problemów emocjonalnych lub wzmocnienia rozwoju osobistego.

"Sekrety Miłości: Co warto wiedzieć, żeby mieć niesamowity związek":
Soczysta i gorąca. Pełna pasji i czułości. Z zabawą i rozwagą. Książka ta zgłębia przeróżne aspekty udanego romantycznego związku. Napisana prosto i od serca, a dodatkowo ozdobiona czarującymi ilustracjami, przemawia ona do pełnego spektrum czytelników - bez względu wiek, płeć, orientację, konserwatywne lub nowoczesne podejście do miłości i zmysłowej intymności. Johanna Kern czerpie ze swoich doświadczeń we własnym szczęśliwym związku ze swoim dużo młodszym mężem, a także z doświadczenia i wiedzy, jakie zdobyła na przestrzeni ponad 20 lat doradzania ludziom w sprawach zdrowia, problemów emocjonalnych, związków, rodziny, duchowości, życia i kariery.

W 14 łatwo przyswajalnych rozdziałach omówione są kwestie, bolączki i możliwości, z jakimi ludzie zmagają się i o jakich fantazjują w swojej pogoni za trwałą bliskością w związku. W czasach, kiedy szczęśliwe długotrwałe związki są rzadkością, a ludzie są coraz mniej skłonni do trwania w tych nieszczęśliwych, książka Johanny Kern jest potężnym sprzymierzeńcem dla osób, które nie zgadzają się na to, by przestać wierzyć w swoje szanse na osiągnięcie tego, czego naprawdę pragną w kwestiach bliskości i erotyki.

"7 Mocy Tworzących Świat i 7 Mocy w Tobie - Nauki NADZIEI" - Tom 1:

W tej książce, kolejnej po „Mistrzu i Zielonookiej Nadziei", która oczarowała już wielu czytelników i ekspertów w Ameryce Północnej i Europie, Johanna Kern dzieli się pierwszą częścią Nauk Nadziei na poziomie zaawansowanym i pokazuje Ci przykłady praktycznego zastosowania tej wiedzy do Twoich własnych doświadczeń. Książka ta zawiera między innymi dwanaście nigdy wcześniej niepublikowanych *Podróży Wewnętrznych*, które pomogą Ci poszerzyć swoją wizję siebie, wyostrzyć swoją intuicję i wydobyć lub poprawić wizję „trzeciego oka" - co dalej prowadzi do przebudzenia pewnych uśpionych obszarów mózgu.

„Transformacja Wewnętrznych Cieni Metodą Banerową: Nauki Nadziei" – Tom 2

Z powodu tego zaprogramowania wielu z nas prowadzi *życie w* dyskomforcie, często pełne lęku i ograniczeń oraz działając na „automatycznym pilocie" w poczuciu iluzorycznego „swojskiego bezpieczeństwa", pozostając przy tym pod kontrolą naszych Wewnętrznych Podświadomych Cieni. Aby uwolnić się od naszego uwarunkowania, musimy rozpocząć i podtrzymywać proces samouzdrawiania. Musimy zapoznać się i poradzić sobie z naszymi Wewnętrznymi Cieniami.

Ta książka oferuje czytelnikowi unikalną, niezwykle skuteczną metodę Transformacji podświadomych Cieni, opracowaną przez Johannę Kern podczas wielu lat pracy z tysiącami ludzi jako odnoszący sukcesy producent filmowy, reżyser, doradca i mentorka rozwoju.

Metoda Banerowa prowadzi krok po kroku do zidentyfikowania ukrytych podświadomych blokad, a następnie uwolnienia wrodzonej, potężnej Mocy Podświadomości.

„Kraina Cieni: Legenda" - dwukrotnie nagrodzona powieść z gatunku fantastyki:

Oparta na scenariuszu fantastyczno-przygodowego filmu fabularnego Johanny Kern, powieść napisana przez Johannę Kern oraz brytyjskiego pisarza Roya Fitzsimmondsa. Fabuła powieści osnuta jest wokół tematu tworzenia własnego przeznaczenia i sposobów radzenia sobie z osobistymi i globalnymi Cieniami. Młody chłopak Franek zostaje przypadkowo przeniesiony do tajemniczego miasta w Krainie Cieni, gdzie zostaje rozłączony ze swoją siostrą, odkrywa własną tożsamość i zyskuje nadzwyczajne moce. Stara Legenda przewiduje jego przybycie i - w krainie rządzonej przez Wielki Syndykat, Patrolujących Złodziei i armię Cieni - staje się jedyną nadzieją dla uciśnionego ludu.

NAGRANIA MP3 NA ZMIANĘ PROGRAMÓW W PODŚWIADOMOŚCI – W JĘZYKU POLSKIM:

„Życie, jakiego chcesz, jest Twoje: Zaprogramuj się na sukces, szczęście, zdrowie i dostatek":

Od wieków wpływowi ludzie sukcesu używali do przeprogramowywania podświadomości skutecznych narzędzi, które przynosiły im nadzwyczajne wyniki. Krok po kroku wielu zwykłych ludzi zmieniło porażki w sukcesy, choroby w zdrowie, a nieszczęścia w radość życia.

Przy użyciu technik starożytnych Mistrzów służących do przeprogramowania podświadomości, fal theta i alfa oraz specjalnego programu opracowanego przez Johannę Kern - nagranie to pomoże Ci zbudować Życie, jakiego chcesz - bez względu na Twoje pochodzenie, sytuację życiową, płeć, wiek, przekonania czy tradycje.

„Ulecz swoje ciało i DNA: Uwolnij się od swojej choroby i napraw swoje DNA":

Biorąc pod uwagę nowe ustalenia naukowe, podejście do leczenia chorób zmienia się i pojawia się nowa nadzieja dla ludzi z chronicznym bólem, cukrzycą, nowotworem, HIV, chorobami układu krążenia, wysokim ciśnieniem, depresją, bezsennością i wieloma innymi chorobami. Ponieważ Johanna Kern nie jest już w stanie prowadzić indywidualnych sesji uzdrawiających ze względu na ogromną ilość potrzebujących, postanowiła pomóc tym, którzy wymagają leczenia poprzez zaprojektowanie tego nagrania w sposób, który pozwala korzystać z uzdrawiających narzędzi zawartych w tym nagraniu na własną rękę i we własnym tempie.

Twoje Ciało ma zdolność do samoleczenia. Nasze DNA jest zaprojektowane w sposób umożliwiający samonaprawę. Odkryto to już w czasach starożytnych, a teraz nauka potwierdza, że nasze Umysły mogą kontrolować nasze funkcje fizjologiczne i wpływać na kompozycję DNA.

„Zapewnij sobie Dobrobyt: Przyciągnij i zaakceptuj dostatek - ciesz się nim, bo masz do niego pełne prawo":
Nie ma żadnego uzasadnienia dla głodu, biedy i krzywdy ludzkiej. Dobrze to już wiemy. Znamy też powody, dla których wielu ludzi żyje w ubóstwie i niedoli: są to chciwość innych ludzi, brak ich zrozumienia tej prostej prawdy, że Obfitość jest przyrodzonym prawem każdego człowieka, a także ich strach przed tym, że - będąc tym, kim są - nie są wystarczająco dobrzy, czy też bezpieczni.

Na świecie jest wystarczająco dużo Obfitości, by każdy mógł wieść przyzwoite, szczęśliwe i godne życie. Jest wystarczająco dużo Obfitości, byśmy wszyscy mogli poczuć się zadbani, cenni i kochani. Możesz mieć wystarczająco dużo dostatku, by wieść życie, jakim chcesz się cieszyć. Bycie zamożnym nie uniemożliwia Ci bycia dobrym. Nie ma potrzeby, by dłużej pozbawiać się czegokolwiek.

To nagranie może pomóc Ci stopić podświadome lęki i negatywne blokady, przyciągnąć i utrzymać dostatek i żyć w świadomości Obfitości, ciesząc się szczęśliwym i dostatnim życiem.

„Schudnij szybko i naturalnie: Zrzuć z siebie ciężar swoich lęków i podświadomych negatywnych zaprogramowań":
Pewnie nie jest dla Ciebie nowością tak zwany „efekt jo-jo", który pojawia się przy stosowaniu restrykcyjnych diet. Być może wiesz już także, że nadmierne, wyczerpujące ćwiczenia hamują pracę hormonów, co powoduje przybranie na wadze więcej niż się straciło podczas tych ćwiczeń. Co więcej, takie nieudane próby są też przyczyną dodatkowego stresu, a co za tym idzie, oczywiście dalszego tycia. Nie ma potrzeby stosowania obsesyjnych diet, zażywania niezdrowych tabletek czy katowania swojego ciała wyczerpującymi ćwiczeniami.

Istnieje wysoce skuteczny i przyjemny sposób na pozbycie się niechcianych i niezdrowych kilogramów oraz późniejsze utrzymanie niższej wagi. Współczesna nauka wielokrotnie to udowodniła.

Badania nad wpływem myśli i emocji na nasze Ciała były prowadzone przez dziesiątki lat przez różnych naukowców. Doprowadziło to do konkluzji, że nasz Umysł może kontrolować nasze funkcje fizjologiczne, wpływając na nasze geny, zdrowie i DNA.

To nagranie jest specjalnie zaprojektowane, aby pomóc Ci w pozbyciu się nadmiernej, niezdrowej wagi, a jednocześnie stopieniu Twoich podświadomych lęków i negatywnych blokad powodujących twoją nadwagę.

„Twoje piękne, zdrowe i młodzieńcze Ciało: Zaprogramuj się na cieszenie się naturalnie pięknym i zdrowym Ciałem":
Nasze Ciała zostały zaprogramowane tak, by pozostać naturalnie piękne, zdrowe i młodzieńcze, a my mamy się nimi cieszyć przez całe nasze

życie. Starożytne kultury wiedziały o tym i opracowały konkretne narzędzia służące do wpływania na podświadomość, by móc się cieszyć pięknym, zdrowym i młodzieńczym Ciałem.

Przy użyciu technik starożytnych Mistrzów służących do przeprogramowania podświadomości, fal theta i alfa oraz specjalnego programu opracowanego przez Johannę Kern - nagranie to pomoże Ci w naturalny sposób ustabilizować swoją wagę, poprawić swoje zdrowie, a nawet zmienić kształt swojego Ciała.

Będziesz w stanie przestawić tak zwany „punkt ustalonej wagi dla Ciała" w swoim mózgu, co pomoże Ci w naturalny sposób ustabilizować swoją wagę - bez obsesyjnych diet czy wyczerpujących ćwiczeń....

„To, Co Powinieneś Usłyszeć Każdego Dnia: Ulubione Przekazy dla Serca, Ciała i Umysłu":

To specjalne nagranie, wypełnione jest pozytywnymi przesłaniami, których często brakuje nam w życiu. Wyobraź sobie, że zamiast wypełniać Ci głowę negatywnymi programami na temat Ciebie i Twojego życia, ktoś będzie mówił Ci to, co naprawdę potrzebujesz usłyszeć każdego dnia: od przekazów poprawiających Twoją wizję samego siebie do takich, które pomogą Ci w procesie poprawy zdrowia, znalezienia miłości, relacji z samym sobą bądź innymi, rozwinięciu skrzydeł, umocnieniu swojej pozycji w pracy, budowaniu kariery lub stwarzaniu życiowego dostatku.

UWAGA: Johanna Kern ciągle nagrywa kolejne MP3 i pisze kolejne książki. Aby być na bieżąco, najlepiej odwiedzić jej oficjalną stronę internetową i zapisać się na jej newsletter:
http://johannakern.pl/

JAK SKONTAKTOWAĆ SIĘ Z JOHANNĄ KERN:

Zapisz się na newsletter na stronie oficjalnej Johanny Kern:
http://johannakern.pl/ (jęz. polski)
lub
https://johannakern.com/ (jęz. angielski)

Polub fanpage Johanny Kern na Facebooku:
www.facebook.com/JohannaKernAutorka/

Subskrybuj kanał Johanny Kern na YouTube:
wpisz jej imię i nazwisko w wyszukiwarce

Poszukaj Johanny Kern w LinkedIn (w j. angielskim)
oraz
Dowiedz się więcej o autorce w angielskiej i polskiej Wikipedii

Aby dowiedzieć się o możliwości udziału Johanny Kern w szkoleniach/konferencjach/eventach, napisz maila na:

info@johannakern.pl

www.ingramcontent.com/pod-product-compliance
Lightning Source LLC
Chambersburg PA
CBHW070730160426
43192CB00009B/1386